KB178868

_____ 학교 ____ 학년____반 _____ 의 책이에요.

❸ 스스로 활동해 보세요

이 시리즈는 단지 지식을 전달하기 위한 교양서가 아니에요. 어린이 여러분이 교과서로 수업 시간에 배운 내용을 실제 현장에서 직접 체험하며 익힐 수 있도록 다양한 활동 내용을 담았지요. 책 중간이나 뒷부분에 이해를 돕기 위한 활동이 있으니 꼭 스스로 정리해 보세요.

❹ 견학 후 활동이 다양해요

체험학습 후에는 반드시 견학 후 여러 가지 활동을 해 보세요. 보고서 쓰기, 신문 만들기, 그림 그리기 등을 통해 체험학습에서 보고 들은 내용을 다시 한번 정리하면 알찬 체험학습이 될 거예요.

신나는 교과 체험학습 42

육백 년 서울의 역사가 살아 숨 쉬는 곳 한양도성

초판 1쇄 발행 | 2008. 8. 19.
개정 3판 6쇄 발행 | 2023. 11. 10.

글 나각순 | **그림** 서은경

발행처 김영사 | **발행인** 고세규
등록번호 제 406-2003-036호 | **등록일자** 1979. 5. 17.
주소 경기도 파주시 문발로 197(우10881)
전화 마케팅부 031-955-3100 | 편집부 031-955-3113~20 | 팩스 031-955-3111

값은 표지에 있습니다.
ISBN 978-89-349-9656-9   64000
ISBN 978-89-349-8306-4 (세트)

좋은 독자가 좋은 책을 만듭니다. 김영사는 독자 여러분의 의견에 항상 귀 기울이고 있습니다.
전자우편 book@gimmyoung.com | 홈페이지 www.gimmyoungjr.com

어린이제품 안전특별법에 의한 표시사항
제품명 도서 제조년월일 2023년 11월 10일 제조사명 김영사 주소 10881 경기도 파주시 문발로 197
전화번호 031-955-3100 제조국명 대한민국 ⚠주의 책 모서리에 찍히거나 책장에 베이지 않게 조심하세요.

육백 년 서울의 역사가 살아 숨 쉬는 곳

한양도성

글 나각순 그림 서은경

주니어김영사

차례

한양도성에 가기 전에

미리 준비하세요

1. **준비물** 《한양도성》 책, 필기도구, 교통비, 물(음료수), 나침반, 사진기

2. **옷차림** 산을 오르내려야 하니 등산복처럼 땀을 잘 흡수하고 가벼우며 바람이 잘 통하는 옷을 입는 것이 좋아요. 신발은 바닥이 미끄럽지 않고 편한 등산화나 운동화가 좋지요. 또한 야외에서 활동하므로 모자도 꼭 준비하세요.

이것만은 꼭 지켜 주세요!

▶ 대부분 주차 공간이 따로 마련되어 있지 않으므로 되도록 대중교통을 이용해요.

▶ 라이터, 가스버너 등 산불 위험이 있는 물건을 가지고 오거나 사용하지 말아요.

> 북악산은 군사보호 구역이어서 사진 촬영에 제한을 받는답니다.

▶ 사진 촬영이 제한되는 곳이 있으니 지정된 장소를 확인하고 지켜요.

▶ 지정된 탐방로를 벗어나거나 쓰레기를 버리는 행동은 물론 고성방가*를 하지 말아요.

▶ 애완동물을 데려오지 않아요.

▶ 북악산과 같이 탐방로가 비좁은 경우에는 통행에 불편을 줄 수 있으므로 가능하면 쉼터에서만 휴식을 취하도록 해요.

▶ 산에 오를 때 넘어지지 않도록 주의해요. 겨울철에는 눈이 오면 길이 얼어 안전사고가 날 위험이 높으므로 특별한 주의가 필요해요.

▶ 출입 시간이 제한되는 경우에는 시간 계획을 철저하게 세워서 그 시간을 꼭 지켜요. 특히 북악산의 경우에는 오후 5시까지는 산을 내려와야 하므로 입구 쪽에서 시간을 너무 길지 않도록 주의해요.

*고성방가 : 거리에서 큰소리를 지르거나 노래를 부르는 것을 말해요.

서울의 역사가 살아 숨 쉬는
한양도성은요……

한양도성은 서울의 주위를 둘러싸고 있는 조선 시대의 성곽이에요. 현재 사적* 제10호로 지정되어 있으며, '서울성곽'이라고도 하지요. 육백여 년 전 태조 이성계가 조선을 건국하고 개경(개성)에서 한양(서울)으로 수도를 옮긴 뒤 외적의 공격으로부터 한양을 지키기 위해 쌓은 것이에요. 세종과 숙종 때 대대적인 보수 공사가 이루어졌지만, 일제 강점기와 한국 전쟁 등을 거치면서 많은 부분이 파괴되었지요. 파괴된 부분은 1970년대 후반부터 지금까지 계속해서 복원이 이루어지고 있답니다.

지금 돌아보려고 하는 한양도성은 조선 시대 성 쌓는 기술의 변화 과정을 살펴볼 수 있는 귀한 자료이자, 나라를 보호하고 지키려는 우리 조상들의 호국 정신이 깃든 소중한 문화유산이에요.

자, 그럼 서울의 역사와 문화가 숨 쉬고 있는 한양도성으로 출발해 볼까요?

*사적 : 역사적으로 중요한 사건이나 시설이 남긴 표시나 자리를 뜻해요.

조선의 건국과 한양도성에 대해 자세히 알고 싶어요!

조선을 대표하는 선비인 내가 알려 줄 터니 나만 따라오너라!

기울어진 고려 왕조를 넘어, 새로운 조선 왕조로!

　고려 말, 중국 원나라는 철령 이북에 쌍성총관부, 제주도에 탐라총관부 등을 세우고 직접 다스리는 등 고려의 정치를 간섭했어요. 이런 기회를 틈타 원나라에 아부하는 귀족들이 조정의 실권을 장악하고 있었지요. '권문세족'이라 불린 이들은 나라와 개인의 땅을 빼앗고 그 땅에서 세금을 거두어들여 부를 누렸답니다. 권문세족이 이렇게 땅을 독차지하는 바람에 나라에서 세금을 거두어들일 수 있는 땅은 거의 남아 있지 않았어요. 그래서 나라 살림도 매우 가난해졌지요.

　이때 공민왕이 개혁의 칼을 들었어요. 공민왕은 원나라와 가까운 세력을 없애고 쌍성총관부를 되찾는 등 원나라를 밀어내는 정책을 폈어요. 그리고 불법적으로 권문세족들에게 빼앗긴 땅을 원래 주인에게 돌려주고, 노비가 된 사람들은 해방시켜 주는 한편, 과거 시험을 통해 지방의 유능한 인재들을 관리로 뽑아 썼지요. 그렇게 해서 등장한 인재들이 바로 신흥 사대부예요. 그러나 1365년 왕비인 노국대장공주가 죽자 실의에 빠진 공민왕은 정치를 신돈*에게 맡겼어요. 그 결과 정치는 어지러워졌고, 권문세족에 의해 신돈이 처형됨으로써 공민왕의 개혁은 실패로 돌아가고 말았지요.

　공민왕이 죽자 그의 아들 우왕이 왕위에 올랐어요. 이 무렵 원나라의 힘은 약해지고 중국 대륙의 주도권은 명나라에게 넘어갔지요. 원나라는 옛 몽골 땅으로 쫓겨나 이름을 북원으로 바꾸고 겨우 명맥만 유지하고 있었어요. 고려가 원나라와 손잡고 자신들의 나라를 공격할까 봐 염려하던 명나라는 철령 이북에 철령위라는 70개의 군영을 설치하고 직접 다스리겠다고 알려 왔어요. 이에 고려는 명나라 군대가 머무르는 요동 지방을 치기로 결정했지요. 이때 군사를 이끌고 요동으로 향하던 이성계가 위화도에서 군대를 개경(개성)으로 돌려 우왕

*신돈(?~1371) : 고려 말의 스님으로, 공민왕과 함께 개혁 정책을 펴다 실패했으며, 왕을 죽이려는 음모를 꾸몄다 하여 처형당했어요.

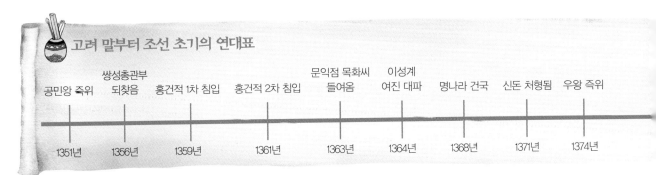

고려 말부터 조선 초기의 연대표

공민왕 즉위	쌍성총관부 되찾음	홍건적 1차 침입	홍건적 2차 침입	문익점 목화씨 들여옴	이성계 여진 대파	명나라 건국	신돈 처형됨	우왕 즉위
1351년	1356년	1359년	1361년	1363년	1364년	1368년	1371년	1374년

을 쫓아내고 새로이 권력을 잡아요.

한편, 고려 말에는 정신적 버팀목 역할을 하던 불교계가 타락하여 백성들의 믿음을 잃음으로써 유교를 숭상하는 신흥 사대부의 세력이 점차 강해지고 있었지요. 신흥 사대부는 권문세족에 의해 병든 고려 사회의 개혁을 간절히 바라고 있었어요. 위화도 회군으로 권력을 장악한 이성계는 이러한 신흥 사대부와 손을 잡고 권문세족이 가지고 있는 땅, 즉 농장을 없애는 등 개혁을 추진하였지요. 그런데 쫓겨난 우왕 대신 누구를 왕위에 올리느냐를 놓고 신흥 사대부들 사이에 갈등이 생겨났어요. 고려 왕조를 그대로 유지하면서 개혁을 하기 바라는 정몽주 등의 '온건파'와 새로운 왕조의 건설을 바라는 정도전·이방원 등의 '급진파'로 나뉘게 된 것이지요. 처음에는 온건파의 뜻대로 우왕의 아들, 창왕이 왕위에 올랐어요. 하지만 이성계와 급진파는 우왕과 창왕이 신돈의 후손이라고 주장하며 왕으로 모실 수 없다고 했지요. 결국 창왕도 물러나고 이성계의 친척인 공양왕이 왕위에 오르게 된답니다. 그리고 이방원이 정몽주를 제거함으로써 권력은 완전히 이성계와 급진파로 넘어가게 되지요.

이후 이성계는 공양왕에게 왕위를 양보받아 1392년 왕위에 올라요. 그리고 신하들의 반대를 무릅쓰고 한양으로 도읍을 옮기지요. 이로써 조선이라는 새로운 나라가 열리게 된 것이랍니다.

조선 왕조는 유교를 숭상하는 신흥 사대부들에 의해 세워진 나라로, 유교를 정치의 근본으로 삼았어요.

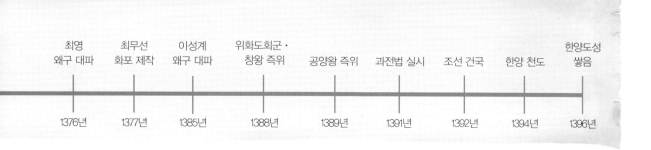

최영 왜구 대파	최무선 화포 제작	이성계 왜구 대파	위화도회군· 창왕 즉위	공양왕 즉위	과전법 실시	조선 건국	한양 천도	한양도성 쌓음
1376년	1377년	1385년	1388년	1389년	1391년	1392년	1394년	1396년

한눈에 보는 한양도성

한양도성은 1968년 북한의 무장 공비*가 북악산까지 침투한 이후 40년 동안 군사 지역으로 지정되어 아무나 출입할 수 없었어요. 그러다가 2007년 4월부터 조금씩 개방되기 시작하여 지금은 전구간이 개방되었지요. 40년 만에 우리들의 품으로 돌아온 한양도성이 그 긴 시간 동안 어떤 모습을 숨겨 두고 있었는지 우리 함께 찾아가 보아요.

*무장 공비 : 전투에 필요한 장비를 갖춘 공산당의 특수 부대를 가리키는 말이에요.

이 책은 한양도성을 쌓게 된 배경과 과정을 알아보고, 도성 안의 구조를 살펴본 다음, 직접 찾아가 체험해 볼 수 있도록 구성되어 있느니라.

북악산
곡성
숙정문(숙청문)
창의문(자하문)
경복궁
인왕산
사직단
육조거리
경희궁
사직터널
운종가
교육위원회
환구단(원구단)
돈의문(서대문)
경운궁(덕수궁)
이화여고
배재공원
소의문(소덕문)
대한통운
대한상공회의소
숭례문(남대문)

이런 순서로 둘러보세요!

❶ 북악산 코스 : 창의문 → 백악마루 → 곡성 → 숙정문 → 말바위 → 와룡공원(또는 삼청공원)
❷ 낙산 코스 : 흥인지문(동대문) → 낙산공원 → 혜화문 → 성북동지구 → 와룡공원
❸ 남산 코스 : 광희문 → 장충동 → 신라호텔 → 남산(N서울타워) → 안중근의사기념관 → 백범광장 → 숭례문(남대문)
❹ 인왕산 코스 : 숭례문(남대문) → 대한상공회의소 → 대한통운 → 소의문 터 → 배재공원 → 이화여고 → 돈의문(서대문) 터 → 교육위원회 → 사직터널 → 인왕산 → 창의문

6

미리 알아 두세요!

북악산의 경우 청와대를 끼고 있어서 제한적으로 개방되고 있어요. 따라서 아래 내용을 미리 알고 가는 것이 좋지요.

- **개방 시간** : 여름(5~8월) – 07:00 ~ 19:00

  겨울(11~2월) – 09:00 ~ 17:00

  봄·가을(3~4월, 9~10월) – 07:00~18:00

  ※산에 오를 수 있는 시간은 퇴장 시간 2시간 전까지예요.
- **탐방 시간** : 약 2시간 소요 / **입장료** : 무료 / **홈페이지** : www.bukak.or.kr
- **문의** : 말바위 – 02–765–0297~8 / 창의문 – 02–730–9924~5 / 숙정문 – 02–747–2153

한양도성을 일주하는 데는 10~12시간 정도가 걸려요. 우리에게는 좀 무리겠지요? 그러니 우리는 하루에 한 코스씩 나누어서 돌아보아요.

복원 구간 6,317미터
부분 소실 구간(훼손 구간) 2,421미터
소실 구간(멸실 구간) 5,140미터

한양도성은 어떻게 쌓았을까요?

조선 왕조를 연 태조 이성계는 개경에서 왕위에 올랐어요. 하지만 얼마 안 가서 한양으로 도읍을 옮기라고 명령하지요. 이성계가 한양으로 도읍을 옮긴 이유는 무엇일까요? 또 한양도성은 어떤 과정을 거쳐, 어떤 방법으로 쌓았을까요? 한양도성을 쌓게 된 역사적 배경과 의의, 그리고 쌓는 과정과 방법 등에 대해 알아보아요.

도성도

정조 말(1776~1800)에 제작된 것으로 보이는 한양 지도예요. 다른 지도와 달리 목멱산(남산)을 위쪽 중심에 두고 삼각산(북한산)과 도봉산을 아래쪽에 넓게 펼쳐 둔 채 도성의 전체 모습을 둥글게 담고 있어요. 이는 남쪽을 바라보며 정사를 돌보는 왕의 시각에 맞추어 그렸기 때문이에요. 도성 주변의 산들을 웅장하게 그려 왕궁이 있는 도읍지로서의 권위를 잘 나타내고 있지요.

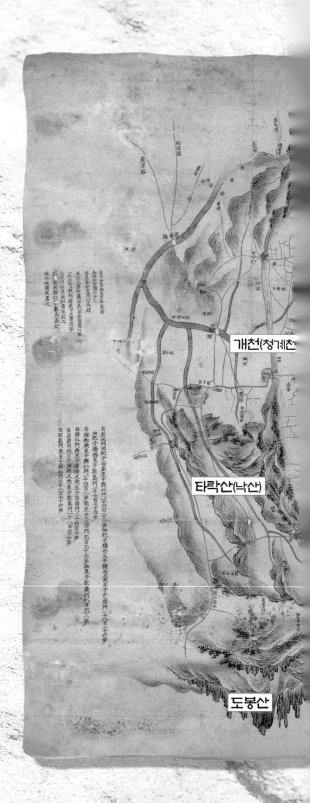

개천(청계천)

타락산(낙산)

도봉산

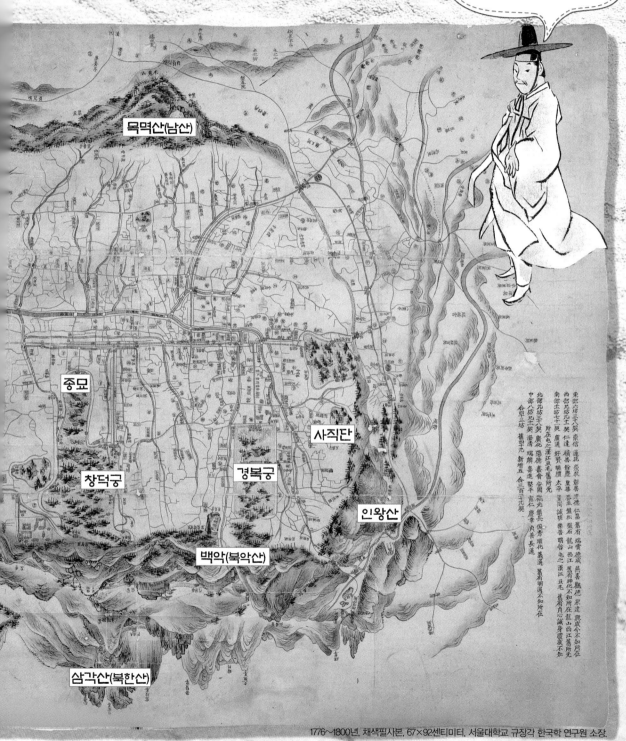

1776~1800년, 채색필사본, 67×92센티미터, 서울대학교 규장각 한국학 연구원 소장.

위화도에서 군대를 돌리다

지금부터 조선이 세워진 과정에 대해 좀 더 자세히 알아보아요. 공민왕 이후 고려는 매우 혼란스러워졌어요. 공민왕의 개혁 정치가 실패한 데다가 홍건적과 왜구까지 쳐들어왔기 때문이지요. 이때 이성계와 최영은 홍건적과 왜구를 물리치는 데 큰 공을 세워 백성들의 높은 지지를 받았어요.

당시 원나라를 밀어내고 중국의 새 주인으로 떠오른 명나라는 고려가 원나라와 손잡을까 봐 고려에게 계속 무리한 요구를 해 왔어요. 원나라를 공격하는 데 필요한 말·금·은 등을 보내라는 것도 모자라 급기야는 쌍성총관부가 있던 철령 이북 땅을 자신들이 다스리겠다고 했지요.

그러자 최영은 요동을 정벌해 명나라의 기세를 꺾어 놓자고 했어요. 하지만 이성계는 이에 반대했어요. 당시 최영은 원나라와 친하게 지낼 것을 주장했고, 이성계는 명나라와 친하게 지낼 것을 주장했지요.

🌸 쌍성총관부
고려가 원나라의 간섭을 받을 때 원나라가 화령(지금의 함경도 영흥) 지방에 설치한 조직이에요. 원나라는 이를 통해 그곳을 다스렸지요. 하지만 공민왕(1356년)이 이성계의 아버지인 이자춘의 도움을 받아 그곳을 공격하여 되찾았답니다.

🌸 요동
압록강을 건너 중국으로 가는 길목에 있는 곳으로 군사적으로 중요한 곳이었어요.

🌸 정벌
적 또는 죄 있는 무리를 무력으로 치는 것을 말해요.

명나라가 계속해서 무리한 요구를 하자 고려는 7만 군사를 이끌고 요동 정벌에 나섰어요.

결국 우왕이 최영의 편을 들어주어 고려는 요동 정벌 길에 오르지요. 우군도통사에 임명된 이성계는 느릿느릿 군사를 끌고 압록강까지 갔어요. 그리고 강 한가운데에 있는 위화도라는 섬에 진을 쳤어요. 하지만 진을 친 뒤에도 강 건너 요동 땅을 쳐들어갈 생각을 하지 않았지요. 이성계는 평양에 있는 우왕과 최영에게 물이 깊어서 행군하기 곤란하다며 군사를 돌리는 것을 허락해 달라고 했지만 최영은 진격을 재촉할 뿐이었어요. 결국 이성계는 군사를 개경으로 돌렸어요. 이 사건이 바로 '위화도 회군'이에요.

이성계는 어떤 이유로 요동 정벌을 반대했나요?

이성계는 요동 정벌을 네 가지 이유를 들어 반대했어요. 첫째, 작은 나라로 큰 나라를 거스리는 일은 옳지 않으며, 둘째, 여름철에 군사를 동원하는 것은 부적절하고, 셋째, 요동을 정벌하는 틈에 왜구가 그 빈 틈을 타서 일어날 것이며, 넷째, 무덥고 비가 오는 시기이므로 화살줄이 늘어나고 병사들이 전염병에 걸릴 위험이 많다는 것이었어요. 이것을 '4불가론'이라고 해요.

이성계는 위화도까지 가는 데 19일이나 걸렸던 길을 단 9일 만에 되돌아왔어요. 우왕과 최영도 개경으로 돌아와 남은 군사들을 모아 이성계를 막아 보려 했지만 역부족이었지요. 결국 이성계는 개경을 손에 넣고 우왕을 왕의 자리에서 쫓아냈어요. 최영도 당당하게 죽음을 맞았지요.

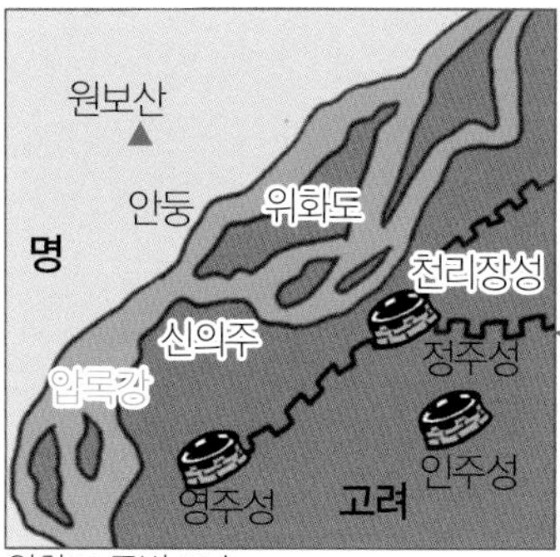

우왕
공민왕이 신돈의 집에 갔다가 낳은 아들로, 신돈의 아들이라는 이성계의 주장에 따라 왕위에서 쫓겨난 뒤 아들인 창왕과 함께 1389년 이성계에 의해 살해되었어요.

위화도 회군은 고려 왕조의 입장에서 보면 이성계에 의한 반역이었지만, 조선 왕조라는 새로운 시대를 여는 시작점이 되었지요.

위화도 주변 모습

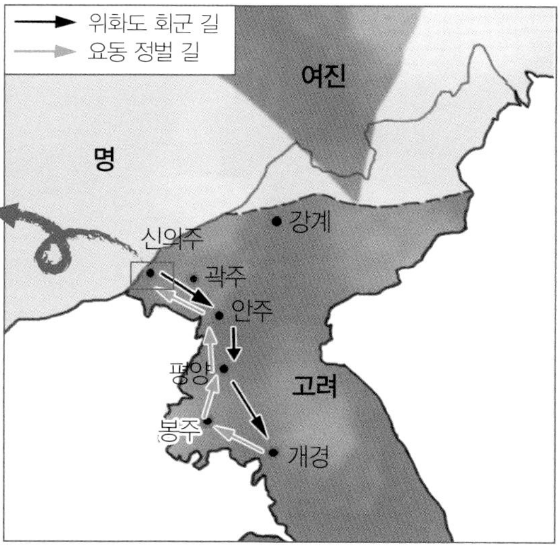

이성계의 위화도 회군 경로

조선이라는 새 시대가 열리다

과전법은 어떤 토지 제도였나요?

고려 시대에는 관리들이 월급 대신 땅을 나누어 받고 그 땅에서 세금을 거두어들이는 권리를 가졌어요. 그런데 권문세족이 나라 안의 땅을 독차지하자 백성은 물론 나라 살림도 가난해졌어요. 과전법은 이러한 문제점을 없애기 위해 관리에게 나누어 주는 땅을 경기 지역으로만 제한하고 나머지 땅은 나라에서 직접 세금을 거두어들이게 한 제도였어요. 그리고 땅을 가진 관리들이 마음대로 매기던 세금도 생산량의 10분의 1로 통일하여 농민들의 세금 부담을 크게 줄여 준 것이지요. 과전법이 실시된 결과 나라 살림도 넉넉해졌답니다.

위화도 회군 이후 조선 건국까지는 4년이 걸렸어요. 이성계는 먼저 홍건적과 왜구를 물리치는 데 공을 세웠던 무인들과 신흥 사대부들의 적극적인 지지를 받아 권력을 장악했어요. 사대부란 성리학을 공부하여 과거 시험에 합격한 벼슬아치, 즉 '문관'을 통틀어 이르는 말로, 특히 공민왕 때부터 새롭게 등장한 세력들을 신흥 사대부라 불렀지요. 이성계는 신흥 사대부들과 함께 개혁을 추진해 나갔어요. 이때 실시된 것이 바로 '과전법'이에요. 덕분에 부패한 권문세족들을 무너뜨리고 신흥 사대부들이 일어설 수 있는 기반이 마련되었지요. 그런데 역성혁명을 주장하는 급진파와 그것에 반대하는 온건파로 나뉜 신흥 사대부들 사이에 갈등이 깊어졌어요. 창왕이 왕위에 올랐다가 곧 쫓겨나고 공양왕이 왕위에 오른 뒤, 온건파의 중심인 정몽주마저 제거되었지요.

정몽주가 죽은 선죽교
원래 이름은 '선지교(善地橋)'였는데 정몽주의 대나무 같은 절개를 기리기 위해 '선죽교(善竹橋)'라고 부르게 되었지요.

정몽주가 죽은 지 3개월 만인 1392년 7월 17일, 이성계는 별궁인 수창궁에서 왕위에 올랐어요. 하지만 고려의 왕으로서였지요. 이성계는 한동안 법과 제도도 고려의 것을 그대로 따랐어요. 그러고는 궁에 머물지 않고 출퇴근하며 나랏일을 돌보았고, 자신을 임시로 나랏일을 맡아 본다는 뜻에서 '감록국사 · 권서국사 · 권지국사'라고 부르게 하였지요. 그런데 얼마 후 명나라에서 새 나라의 이름을 물어 왔어요. 그러자 이성계는 단군조선 등에서 따온 '조선'과 자신의 고향에서 따온 '화령'이라는 이름 중 명나라에서 정해 주는 대로 따르겠다고 하였지요. 그래서 명나라가 선택해 준 '조선'이라는 나라 이름을 갖게 된 것이랍니다.

고려 성균관(지금의 고려박물관)
고려 시대 최고의 교육 기관이었어요. 이곳에서 고려 말 개혁에 앞장섰던 신흥 사대부들이 성장했어요.

수창궁의 용머리 조각상
수창궁이 있던 개성(개경) 중심부에서 발견되어 지금은 고려박물관에 옮겨져 있지요.

여기서 잠깐!

조선 건국에 대해 어찌 생각하느냐?

오늘날 조선의 건국을 바라보는 시각 중에는 부정적인 경우도 있어요. 아래 친구들의 말을 참고하여 조선 건국을 어떻게 생각하는지 자신의 생각을 써 보세요.

조선 건국은 왕의 성만 바뀌었을 뿐, 사회 전체로 볼 때 별다른 변화가 없었어.

무슨 소리! 새로운 사회를 여는 대단한 사건이었어.

사회 전체가 커다란 발전을 이룬 것은 아니었지만 그래도 나름대로 변화는 있었다고 봐!

☞ 정답은 56쪽에

고려 유신들에 얽힌 이야기

조선 건국 당시 두 임금을 모실 수 없다며 끝까지 조선을 받아들이지 않은 사람들도 많았어요. 이렇게 왕조가 망한 뒤에도 끝까지 신하로 남아 있는 사람들을 '유신'이라 하는데, 고려의 유신들에 얽힌 다양한 이야기들이 지금도 전해 내려오고 있답니다. 어떤 이야기들인지 살펴보아요.

부조현과 갓걸재

이성계는 왕위에 오른 지 얼마 되지 않아 백성들의 마음을 수습하고자 직접 개경의 경덕궁*에 나와 과거 시험을 실시하였어요. 그런데 고려의 유신들은 과거 시험을 보지 않겠다는 뜻으로 궁 앞의 고개를 넘어, 또 다른 고개 위에 갓을 걸어 놓고 가 버렸답니다. 그 뒤 다시 한 번 시험 볼 기회를 주었으나 역시 한 사람도 응하지 않자 크게 노한 이성계는 개경 사람에 한하여 계속 과거를 볼 수 없도록 하였어요. 이때 고려의 유신들이 넘어간 경덕궁 앞 고개를 '조선을 부정한다.'는 뜻에서 '부조현' 또는 '부조고개'라 부르고, 갓을 걸어 놓았던 고개를 '갓걸재'라고 부르게 되었지요. 또한 고려의 유신들이 조회* 때 머리에 쓰는 관을 소나무에 걸어 놓고 신분이 낮은 사람들이 쓰는 패랭이를 쓰고 뿔뿔이 흩어졌다 해서 '조회를 하지

*경덕궁 : 이성계가 왕위에 오르기 전에 살던 집으로, 왕위에 오른 뒤 크게 고쳐 궁으로 봉해졌어요.

*조회 : 모든 벼슬아치가 함께 궁에 모여 임금에게 문안드리고 정사를 아뢰던 일을 뜻해요.

이성계에 대한 미움이 담긴 음식도 있다?

개경 사람들은 이성계가 세운 새 왕조에 대한 거부감이 특히 심했어요. 그래서 그들이 이성계에 대한 미움을 담아 만들어 먹었다고 전해지는 음식도 있답니다. 어떤 음식인지 알아볼까요?

성계탕과 성계육
이성계가 돼지띠라는 이유로 돼지고기로 국을 끓여 '성계탕'이라고 불렀다고 해요. 또 만두에 넣는 다진 돼지고기는 '성계육'이라고 부르기도 했지요.

조랑떡국
개경(개성)의 대표 음식인 '조랑떡국'은 떡을 칼로 썰지 않고 손으로 둥글게 비틀어 떼어 놓아요. 이를 개경 사람들은 이성계의 목을 비트는 것으로 여겼다고 해요.

개경 사람들은 화장실도 '서각'이라고 불렀느니라. 서각은 수창궁 서쪽에 있는 건물로 이성계가 나랏일을 보던 곳이지.

않는 고개'란 뜻으로 부조현이란 이름이 붙여진 것이라고도 해요. 뒷날 영조는 고려 유신들의 뜻을 기려 부조현에 '고려충신부조현'이란 비석을 세우기도 했답니다.

두문동 72현

두문동은 경기도 개풍군 광덕면 광덕산 기슭에 있던 옛 지명이에요. 이곳은 고려의 유신 72명이 새 왕조 섬기기를 거부하고 그곳에 들어가 마을 문에 빗장을 걸어 놓고 죽을 때까지 밖으로 나오지 않았다고 전해지는 곳이에요. 두문동에 들어간 72명의 유신들을 '두문동 72현'이라 부르지요. 또한 '두문동에서 세상 밖으로의 왕래를 끊다.'란 말에서 '꼼짝하지 않고 들어앉아 있는 것'을 뜻하는 '두문불출(杜門不出)'이라는 고사성어도 비롯되었답니다.

청계산 망경대와 국사봉

청계산은 고려 유신인 조견(본래 이름은 조윤)이 고려가 망하자 숨어 살았다는 곳이에요. 청계산의 제일 높은 봉우리에 있는 망경대는 원래 '하늘 아래 모든 뛰어난 경치를 감상할 만한 터'라고 해서 '만경대'라 불렸지요. 그런데 조견을 비롯한 고려 유신들이 이 바위에서 망한 고려의 서울(개경)을 바라보며 그리워하였다 해서 '망경대'로 고쳐 부르게 되었지요. 또한 남쪽에 있는 국사봉 역시 조견이 망한 고려를 생각하고 그리워했던 봉우리라 해서 붙여진 이름이라고 해요.

청계산 망경대

관악산 연주봉

관악산의 제일 높은 봉우리로, 강득룡·서견·남을진 등의 고려 유신들이 이곳에서 개경 쪽을 바라보며 고려의 임금을 그리워하였다 하여 이런 이름을 붙였어요.

관악산 연주봉

한양으로 도읍을 옮기다

새 도읍지가 될 뻔한 왕십리

이성계의 스승인 무학대사가 새 도읍지로 알맞은 곳을 찾다가 동야(지금의 왕십리) 근처를 도읍지로 적당한지 살펴보고 있었어요. 그런데 소를 타고 가던 한 노인이 소를 꾸짖으며 "미련하기가 마치 무학 같구나! 옳은 곳을 놔두고 굽은 길을 찾다니……." 라고 말하였어요. 그 말에 놀란 무학대사가 노인에게 도읍지로 알맞은 곳을 묻자, 노인은 "여기서 십 리만 더 가 보시오."라고 대답하였지요. 노인의 말대로 십 리를 더 가 보니, 지금의 경복궁 자리가 나왔어요. 그래서 무학대사가 노인을 만난 곳을 십 리를 더 갔다는 의미에서 갈 왕(往)자를 써서 '왕십리'라고 부르게 되었다고 해요.

풍수지리
지형, 방향, 위치를 인간의 운이 좋고 나쁨, 재앙과 환난, 복되고 영화로운 삶 등과 연결시켜 생각하는 이론을 말해요.

주춧돌
기둥 밑에 기초로 받쳐 놓은 돌을 말해요.

이성계는 왕위에 오른 지 한 달도 못 되어 한양으로 도읍을 옮기라고 명령하였어요. 하지만 신하들이 겨울철 백성들의 안위와 궁궐 등 도시 시설이 갖추어져 있지 않다는 이유로 그 시기를 늦출 것을 건의하여 잠시 뒤로 미루었지요.

이듬해 이성계는 신하들에게 새 도읍지가 될 만한 곳을 찾아보라고 하였어요. 그렇게 해서 후보에 오른 곳이 계룡산(지금의 충청남도 계룡시 신도안 일대)이었어요. 한때 이성계의 명령으로 그 곳에 도읍지 건설이 추진되기도 하였지만 **풍수지리**에 능한 하륜이라는 신하가 땅이 기름지지 않고 교통이 불편하다는 등의 이유를 들어 반대하여 중지되었답니다. 오늘날 그곳에는 그때 놓은 궁궐의 **주춧돌**이 남아 있어요.

계룡산 신도안
계룡산은 무학대사가 '황금 닭이 알을 품고 용이 하늘을 나는 형상'이라고 해 붙여진 이름이에요.

여기서 잠깐!

도읍을 어디에 정하는지가 왜 중요하겠느냐?

많은 신하들이 개경에 그대로 머물러 있자고 하였지만 이성계는 천도 의지를 굽히지 않았어요. 그런데 한양을 새 도읍지로 확정하기까지가 매우 힘이 들었어요. 이처럼 도읍을 정하는 데 있어 신중해야 하는 이유는 무엇인지 써 보세요.

도움말 수도가 하는 역할을 바탕으로 생각해 보세요.

☞ 정답은 56쪽에

그 뒤 하륜은 무악(지금의 신촌·연희동 일대)을 적극 추천하였으나 지역이 좁아 개경에 있는 것이 더 낫다는 반대에 부딪혀요. 결국 이성계가 직접 둘러보고 결정하기로 하였지요. 이성계는 무악을 둘러보고 개경으로 돌아가는 길에 남경 궁궐터를 다시 살펴보았어요. 한양은 고려 시대에도 남경이라 하여 제2의 도읍지 역할을 하였거든요. 신하들 대부분과 무학대사는 도읍을 그곳으로 옮기는 데 찬성하였어요. 이성계는 개경으로 돌아오는 즉시 한양으로 천도하기로 결정했어요.

한양이 이처럼 새 도읍지로 결정된 이유는 지리적으로 한반도 중심에 위치해 있고, 바다와 육지의 교통이 편리하여 쌀이나 옷감 등의 세금을 실어 나르기에 유리하며, 군사적 요새지로서 알맞은 조건을 갖추고 있었기 때문이에요.

북한산에서 바라본 경복궁의 모습
사진에서 오른편 바깥쪽에 남경 궁궐터가 있었다고 해요.

🌸 천도
도읍을 옮기는 것을 말해요.

한양이 명당인 이유는 무엇일까?

한양은 조선이 도읍지로 삼기 이전부터 풍수지리적으로 명당 자리로 주목을 받아 왔어요. 한양을 명당이라고 하는 이유는 무엇인지 살펴보아요.

안으로는 백악(북악산)·낙타산(낙산)·목멱산(남산)·인왕산의 내사산이 둘러싸고 있어요.

밖으로는 삼각산(북한산)·용마산(아차산)·관악산·효경산(덕양산)의 외사산이 둘러싸고 있지요.

삼각산(북한산)
효경산(덕양산)
인왕산
백악(북악산)
개천(청계천)
낙타산(낙산)
용마산(아차산)
목멱산(남산)
한강
관악산

안으로는 개천(청계천)이, 밖으로는 한강이 흘러 천연의 요새지를 이루고 있지요.

북쪽은 용이 똬리를 틀고 범이 쭈그리고 앉은 모양을 이룬 백악이 자리하고, 남쪽은 한강이 옷의 깃과 띠처럼 둘러 있지 않느냐?

한양 지킬 도성을 쌓다

이성계가 서둘러 한양으로 천도한 이유는 무엇인가요?

첫째, 이성계가 개경을 떠나고 싶었기 때문이에요. 개경에는 고려를 잊지 못하고 그리워하는 사람들이 많이 남아 있었거든요. 그런 곳에서 새로운 왕조의 모습을 갖추기란 쉽지 않았지요. 둘째, '개경은 이미 운수가 다했다.'는 풍수지리의 영향을 받은 점도 있어요. 셋째, 새 도읍지 선정을 놓고 2년이란 세월을 허비한 까닭도 있었지요.

🏵 **강폭**
강하고 폭력적인 것을 뜻해요.

태조 이성계는 한양의 기반 시설이 채 갖추어지지도 않은 1394년 10월, 서둘러 한양으로 천도를 했어요. 한양에 도착한 이성계는 궁궐(경복궁)을 짓고, 조상에게 제사를 지내는 사당인 '종묘'와 땅의 신과 곡식의 신에게 제사를 드리는 제단인 '사직단'을 세웠지요.

그런 다음, 1395년 한양을 지킬 도성(성곽)을 쌓을 것을 명령하였어요. 이와 함께 "성이라는 것은 국가의 울타리요, 강폭한 것을 방어하고 민생을 보호하기 위하여 반드시 있어야 하는 것이다."라고 하여 성곽이 수도를 지키는 데 절대적으로 필요한 것임을 강조하였지요. 그리고 정도전으로 하여금 성터를 정하게 하였으며, 자신이 직접 수차례에 걸쳐서 산에 올라 성을 쌓을 곳을 관찰하는 등 성 쌓기에 관심을 기울였다고 해요. 정도전은 백악(북악산)을 주산, 즉 중심이 되는

한양도성의 성벽과 성문의 구조, 그리고 명칭이 궁금해!

한양도성의 성벽과 성문은 어떤 구조로 이루어져 있을까요? 바깥쪽에서 바라본 성벽과 성문의 구조 및 각 부분의 명칭에 대해 알아보아요.

성벽의 구조와 명칭 ➤

성 위에 낮게 쌓은 담을 여장이라 하는데 대부분 '凸'자 모양을 연속하여 쌓아요. 이때 위로 솟은 부분을 '타'라고 하지요. 또한 타에서 타 사이를 '타구'라고 한답니다.

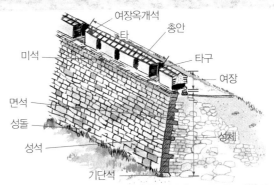

산으로 삼아 낙타산(낙산), 목멱산(남산), 인왕산을 연결하여 성 둘레를 확정하였어요. 성의 총 길이는 약 18킬로미터(59,500척)에 이르렀지요. 그리고 공사가 진행되면서 동서남북에 각각 '흥인문(흥인지문), 돈의문, 숭례문, 숙청문(숙정문)'의 4대문과 '홍화문(혜화문), 소덕문(소의문), 광희문, 창의문'의 4소문을 지었어요. 각 성문의 이름도 정도전이 지은 것인데, 조선의 정치 이념인 유교의 '인의예지(仁義禮智)' 4대 덕목을 상징적으로 표현한 것이에요(숙정문의 경우 지혜로울 '지(智)'와 의미가 같은 '정(靖)'을 사용했어요.). 이는 조선 왕조의 상징물로서 그 위상을 나타낸 것이라 할 수 있지요.

🌸 인의예지
유학에서 사람이 마땅히 갖추어야 할 네 가지 성품으로 어질고, 의롭고, 예의바르고, 지혜로운 것을 뜻해요.

성벽은 아직 눈이 오지 않는 음력(윤달) 9월에 쌓았으며, 어느 곳에 쌓을지를 결정하기 위해 정도전이 내사산을 직접 올라다니며 살폈다고 해요.

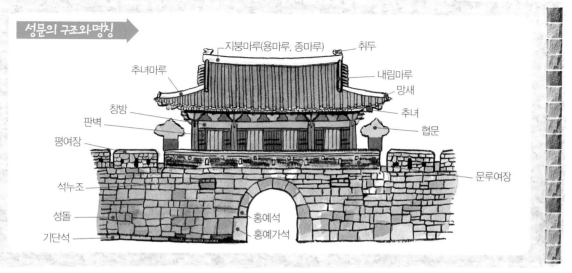

성문의 구조와 명칭

지붕마루(용마루, 종마루)
취두
추녀마루
내림마루
망새
창방
추녀
판벽
협문
평여장
석누조
문루여장
성돌
홍예석
기단석
홍예가석

한양도성에도 역사가 흐르다

연간
어느 왕이 왕위에 있는 동안을 뜻해요.

척
길이를 재는 단위로 약 30.3센티미터를 말해요. 우리말로는 '치'라고 하지요.

군명
고을 이름을 뜻해요.

자호
토지의 번호나 족보의 쪽수 따위를 숫자 대신 천자문의 차례에 따라 매긴 번호를 말해요.

한양도성을 쌓은 시기는 크게 '태조 연간, 세종 연간, 숙종 연간, 1975년에 시작된 복원 공사'의 네 단계로 나누어 볼 수 있어요. 그럼, 각 시기의 특징은 무엇인지 살펴볼까요?

먼저 한양 도성의 기본 틀이 완성된 태조 때부터 살펴보아요. 이성계는 1396년 1월부터 각 도에서 동원한 12만 명의 백성들로 하여금 도성을 쌓게 하였어요. 당시로서는 대단히 큰 공사였지요. 5만 9천 500척인 성의 길이를, 1구간을 600척(약 182미터)으로 하여 총 97구간으로 나누고 다시 1구간을 6호로 나누어 책임자를 두는 등 세밀하게 계획을 세워 공사를 진행하였지요. 그리고 공사에 대한 확실한 책임을 지우기 위하여 구간 책임자와 감독자의 성명·군명·자호 등을 성벽에 새겼어요. 태조 때 쌓은 남산 동쪽 성벽에는 경상도 구역 표시인 '곤자육백척(崑字六百尺)'·'강자육백척(崗字六百尺)' 등의 글자가 지금도 남아 있고, 세종 때 세운 낙산 성벽에도 '결성(結城)'·'동복(同福)' 등의 지명을 볼 수 있지요. 그리고 성터가 높고 험한 곳은 돌로 석성을, 낮고 평탄한 곳에는 흙으로 토성을 쌓았답니다.

각자
성벽에 책임자의 이름을 새겨 놓은 것을 말해요. 성벽이 훼손되면 그 부분의 책임자는 처벌을 받았지요.

낙산 성곽의 모습

20여 년이 지나 세종 때에 이르자 성곽이 군데군데 허물어졌어요. 그래서 세종 3년 대대적인 보수공사가 이루어졌지요. 세종 연간에는 주로 토성 부분을 석성으로 교체하고 성문을 완성하는 작업들이 이루어졌어요. 그러다 조선 중기에 이르러 임진왜란과 병자호란이 일어났답니다. 하지만 한양도성은 방어의 기능을 전혀 하지 못하였어요. 그래서 숙종 때 도성 보수공사와 더불어 북한산성을 쌓았지요.

하지만 일제 강점기가 되자 일본은 근대화라는 이름 아래 궁궐·도성 등 조선 왕조를 상징하는 건물들을 훼손하기 시작하였어요. 전찻길을 놓으면서 평지에 쌓은 성곽을 대부분 파괴시켰고, 도성은 제 모습을 알아볼 수 없게 되었지요. 이후 1975년, 도성 복원 사업이 시작된 이래 지금까지도 계속해서 복원이 이루어지고 있답니다.

여기서 잠깐!

언제 쌓은 성벽인지 맞혀 보거라!

한양도성의 성곽을 쌓는 방법은 시대별로 차이가 있었어요. 아래 그림을 보고 각각 언제 쌓은 성벽의 모습인지 보기 에서 골라 써 보세요.

보기	태조　세종　숙종　순조

직사각형의 돌들을 기본으로 하면서 사이사이에 잔돌을 섞어 쌓았어요.

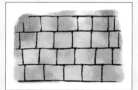

돌을 가로·세로 각 45cm 크기의 정사각형으로 다듬어 견고하게 쌓았어요.

다소 들쑥날쑥한 모양의 큰 메주만 한 자연석으로 쌓았어요.

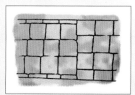

돌을 가로·세로 각 60cm 크기의 정사각형으로 정교하게 다듬어 쌓았어요.

(   ) (   ) (   ) (   )

정답은 56쪽에

한양도성은
어떻게 이루어져 있나요?

태조 이성계는 정도전에게 한양을 철저한 계획 도
시로 만들도록 명령했어요. 정도전은 한양에 궁
궐·종묘·사직단·관아·시전*·도로 등을 계획
하고 건설하였으며 그 이름까지 지었지요. 그렇다
면 정도전에 의해 계획된 이후 오랜 시간 동안 보
완되고 완성된 한양의 모습은 어떠하였을까요? 지
금부터 한양도성 안의 조선 시대 한양 속으로 들어
가 보아요.

*시전 : 시장 거리의 가게를 뜻해요.

한양도

조선 후기 학자인 위백규(1727~1798)가 1770년
쓰고 1822년 목판본*으로 만든 《신편표제찬도
환영지》란 책에 실려 있는 〈천하도〉 중 '한양도'
부분에 색칠을 한 거예요. 도성과 4대문, 북한
산성, 궁궐과 종루(종각) 등 한양의 상징물을 크
게 표시해 놓았어요. 18세기 사람들의 한양에
대한 생각을 엿볼 수 있지요.

*목판본 : 나무판자에 글이나 그림 따위를 새겨서 인
쇄한 책을 말해요.

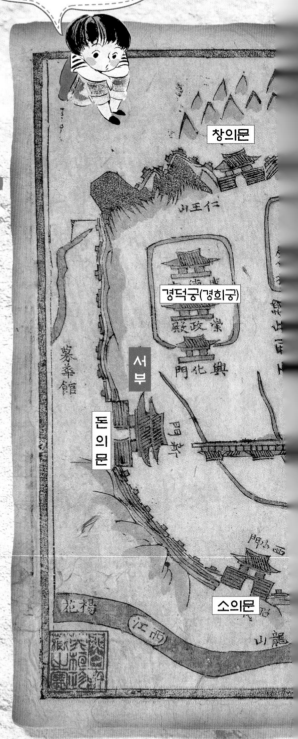

조선 후기의 지도에는 숙정문의 문루가
없는 것으로 나타나는데
이는 임진왜란 때 파괴된 뒤 문루를
세우지 않았기 때문으로 보여요.

창의문

경덕궁(경희궁)

서부

돈의문

소의문

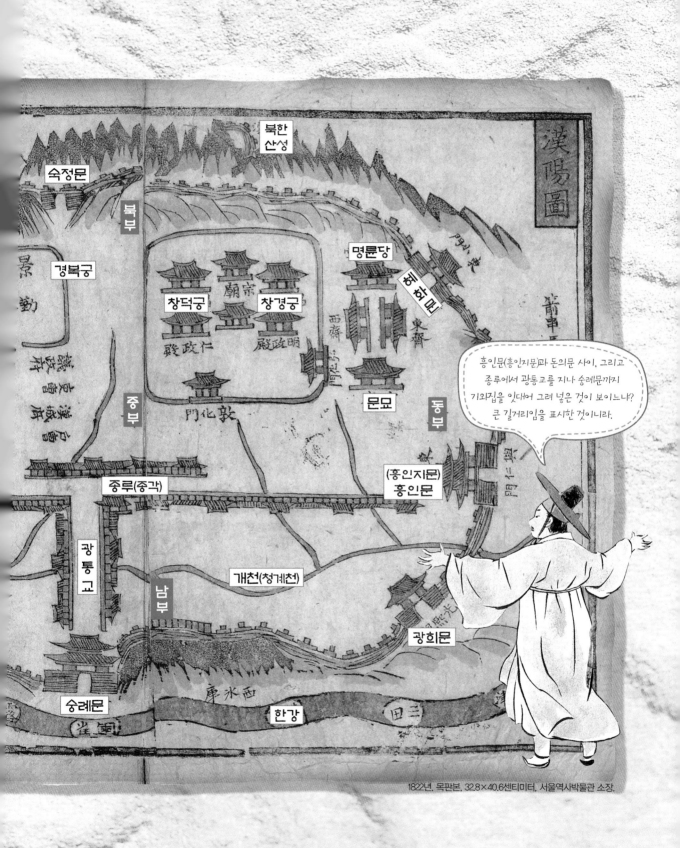

1822년, 목판본, 32.8×40.6센티미터, 서울역사박물관 소장.

잘 계획된 도성 안의 구조

한양은 무엇을 중심으로 계획되었나요?

한양을 계획하는 데 있어서 중심이 된 것은 풍수지리였어요. 그래서 백악(북악산)을 주산, 즉 중심 산으로 하여 좌청룡 우백호*를 따라 성을 쌓고, 이를 맞은편 목멱산(남산)에 연결하여 도성의 범위를 결정하였지요. 그런 다음, 백악 앞에 주궁인 경복궁을 앉히고, 두 번째 주산인 응봉 앞에 창덕궁을 배치하였어요. 그리고 '좌묘우사, 전조후시'라는 고려 시대 원칙에 따라 경복궁 동쪽에 종묘를, 서쪽에 사직단을 배치하였지요. 그리고 경복궁 앞쪽에 육조를, 뒤쪽에 시전을 계획하였다가 궁궐 뒤가 산이라 시전의 위치를 종로 거리로 바꾸었답니다. 인력 동원 및 자재 구입 문제, 흉년 등의 악조건이 겹쳐 수도로서의 제 모습을 갖추게 된 것은 천도가 이루어진 지 28년 후인 1422년(세종 4년)의 일이랍니다.

*좌청룡 우백호 : 좌청룡은 '주산의 왼쪽에 있는 푸른 용'이라는 뜻이고, 우백호는 '주산의 오른쪽에 있는 흰 호랑이'라는 뜻이에요.

도성에는 도읍지를 둘러싼 성곽뿐 아니라, 왕궁이 있는 도시까지 포함되지요. 지금까지는 도성을 성곽 중심으로 살펴보았어요. 이제부터는 도성 안의 도시 모습을 중심으로 살펴보아요.

한양은 철저한 계획 아래 새롭게 세워진 도시였어요. 하지만 오늘날처럼 산을 허물고 강을 메워서 건설한 것은 아니었답니다. 한양이 가지고 있는 지형을 그대로 살려서 자연과 조화를 이루도록 만들었지요. 그래서 한양의 모습은 오늘날의 반듯한 신도시들에 비하면 구불구불하고 복잡하지요. 그럼, 이제 한양이란 도시는 어떤 구조로 이루어져 있는지부터 살펴보아요.

인왕산

창으
(자하

❺

❻

> 오늘날의 신도시에 비하면 정신없고 복잡하지 않느냐?

> 그래도 전 그런 한양의 모습이 더 정이 가는 걸요!

❺ 사직단

임금이 백성을 위하여 땅의 신인 사(社)와 곡식의 신인 직(稷)에게 제사 지내던 제단을 말해요.

❻ 서궐

서쪽 대궐이란 뜻으로, 경덕궁(경희궁)을 이르던 말이에요. 조선 후기에 세워진 것으로, 창덕궁이 주궁(법궁)일 때 이궁(보조 궁궐)의 역할을 했지요.

❶ 주궁(법궁)

임금이 나랏일을 돌보며 주로 거처하는 궁궐을 말하는 것으로 '정궁'이라고도 하지요. 조선 건국 당시에는 경복궁이 그 역할을 했어요.

❷ 동궐

동쪽 대궐이란 뜻으로, 창덕궁을 이르던 말이에요. 주궁에 화재나 안 좋은 일이 생겼을 때를 대비해 지은 보조 궁궐, 즉 이궁으로 제3대 임금인 태종 때 지었어요. 임진왜란으로 경복궁이 불탔을 때 주궁 역할을 했지요.

❹ 성균관

성리학을 가르치던 최고의 교육 기관이에요. 1398년(태조 7)부터 숭교방 지역(지금의 명륜동)에 설치되었으며, 공자를 제사 지내는 문묘, 유학을 가리치는 명륜당, 도서관인 존경각 등으로 이루어져 있지요.

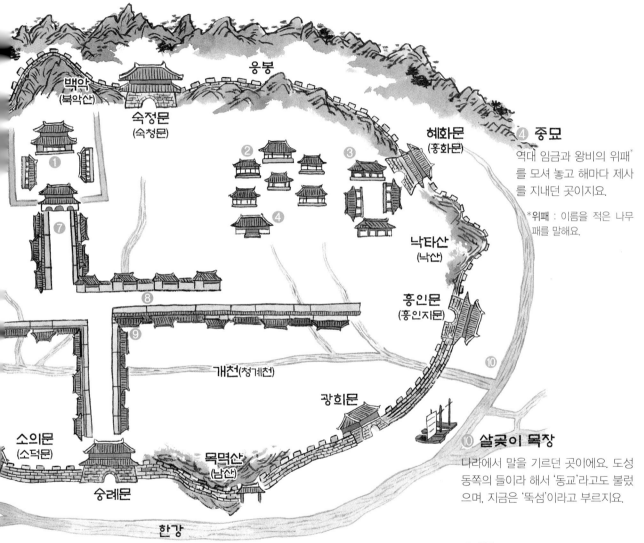

❹ 종묘

역대 임금과 왕비의 위패*를 모셔 놓고 해마다 제사를 지내던 곳이지요.

*위패 : 이름을 적은 나무 패를 말해요.

❿ 살곶이 목장

나라에서 말을 기르던 곳이에요. 도성 동쪽의 들이라 해서 '동교'라고도 불렀으며, 지금은 '뚝섬'이라고 부르지요.

❾ 종루(종각)

한양의 중심에 종을 달아 둔 누각이에요. 종로란 이름도 종루(종각)가 있던 거리에서 유래되었지요. 1395년(태조 4)에 건립되었는데, 종을 쳐 통행 금지의 시작과 끝 또는 큰 불이 났음을 알렸다고 해요.

❼ 육조 거리

나랏일을 맡아보던 관아들이 모여 있던 곳이에요. '육조'란 이조, 호조, 예조, 병조, 형조, 공조의 여섯 관아를 말해요.

❽ 운종가

종루를 중심으로 설치한 상설 시장이에요. 육조 거리 앞에서 종묘 앞, 즉 경복궁 앞에서 창덕궁 앞까지 이어져 있었지요.

도성의 시작이자 중심인 경복궁

여기예요!

도성 안이 어떤 구조로 이루어져 있는지 알았으니, 이제 구석구석 좀 더 자세히 살펴보아요.

한양에 도착한 태조 이성계는 제일 먼저 주궁인 경복궁을 지었어요. 그런데 왜 하필 궁궐부터 지었을까요? 당시 사람들에게 도읍을 세운다는 것은 자신들이 꿈꾸는 **이상** 세계를 현실로 옮겨 놓는다는 의미였어요. 그 이상 세계의 중심에는 도읍이 있고, 그 중심에 궁궐이 있다고 생각했지요. 그래서 한양에서도 가장 명당자리를 골라 궁궐부터 지은 것이랍니다.

그렇다면 '경복궁'이란 이름은 어떻게 붙여졌을까요? 새 궁궐이 완성되자 태조는 정도전에게 여러 **전각**들의 이름을 짓게 했어요. 정도전은 중국 고대 시집인 《시경》의 "술 마셔 취하고 많은 은덕으로 배부르니, 군자께서 만년토록 큰 복을 누리소서."라는 구절을 빌려 와서 새 궁궐의 이름을 '빛나는 큰 복을 빈다.'는 뜻으로 '경복(景福)'이

이상
생각할 수 있는 범위 안에서 가장 완전하다고 여겨지는 상태를 말해요.

전각
'전'이나 '각'자가 붙은 커다란 건물을 이르는 말이에요.

경복궁의 으뜸 건물, 근정전
왕이 나랏일을 돌보던 건물을 흔히 '정전'이라 하는데, 여기에 나랏일을 돌봄에 있어 부지런해야 한다는 뜻으로 '부지런할 근'자를 덧붙여 '근정전'이라 이름 붙였지요.

라 이름지었다고 해요. 궁궐 안의 각 전각에는 나랏일을 돌보는 데 있어 부지런하고, 깊이 생각하며, 덕을 닦고, 이치를 본받아 선정을 베풀라는 뜻을 담아 근정전, 사정전 등의 이름을 붙였지요.

또한 남쪽의 문에는 '바를 정'자를 써서 정문(오문이라고도 했음)이라 했어요. 왕의 명령과 정치적 가르침이 나가는 문으로, '왕이 남쪽을 향하여 앉아 정치를 함에 있어 바른 정치가 근본이 되어야 한다.'는 뜻을 담은 것이지요. 훗날 세종 때 집현전 학자들이 지금의 광화문으로 이름을 바꾸었답니다.

해체되기 전의 광화문
박정희 대통령 때 목조 건물인 광화문을 철근과 콘크리트로 다시 지었어요. 그런데 광화문의 방향이 관악산이 아닌 남산을 바라보게 세워져 잘못 복원되었다는 비판을 받았지요. 그래서 다시 제대로 복원하여 2010년에 공개되었어요.

정도전은 어떤 사람인가요?

고려 말에서 조선 초까지 활동한 학자예요. 유학의 대가로 조선 왕조가 문을 연 후 군사·외교·행정·역사·성리학 등 여러 방면에서 활약했어요. 특히 불교를 배척하고 유교를 숭상하는 '척불숭유'를 국가 이념으로 삼게 하여 유학의 발전에 크게 공헌하였답니다. 글씨에도 뛰어났으며 저서에 《삼봉집》, 《경제육전》 등이 있어요. 새 도읍지 건설에 가장 큰 공을 세웠지만 제1차 왕자의 난* 때 태종 이방원에 의해 죽음을 당해, 새 도읍지에서 가장 먼저 제거당하는 비운을 겪었지요.

*왕자의 난 : 이성계의 아들 사이에 왕위 계승을 놓고 벌어진 두 차례의 난을 뜻해요.

여기서 잠깐!

왕들도 이사를 자주 다녔다는 사실을 아느냐?

경복궁과 아래의 네 궁궐을 합쳐 조선 5대 궁궐이라 해요. 조선 시대에 이렇게 궁궐을 많이 지은 것은 주궁에 문제가 생겼을 때 머무를 보조 궁궐이 필요했기 때문이에요. 그런데 왕들도 이사를 자주 다녔다고 해요. 조선 시대에 가장 이사를 자주 다닌 왕은 제20대 왕인 경종이에요. 1년에 한 번 꼴로 옮겨 다녔지요. 그리고 가장 적게 다닌 왕은 정조로, 보통 한 궁궐에서 5년 정도 살았다고 해요. 그런데 왜 왕들은 이처럼 이사를 자주 다닌 걸까요? 그 이유를 짐작해서 써 보세요.

창덕궁

창경궁

경운궁(덕수궁)

경희궁

☞ 정답은 56쪽에

왕권의 상징인 종묘와 사직단

왕권
왕이 지닌 권력이나 권리를 뜻해요.

추존
왕위에 오르지 못한 채 죽은 이에게 임금의 칭호를 주던 일을 뜻해요.

위
신주 또는 위패를 모신 신을 세는 단위예요.

종묘의 영녕전

궁궐과 거의 같은 시기에 종묘와 사직단의 건설도 이루어졌어요. 그만큼 중요하게 여겼기 때문이지요. 그런데 왜 당시에는 종묘와 사직단이 중요한 의미를 지녔을까요? 도성이란 말에는 '왕궁이나 종묘 사직을 지키기 위한 성'이라는 뜻이 담겨 있어요. 여기서 '종묘사직'이란 왕실과 나라를 통틀어 이르는 말이에요. 다시 말해 종묘와 사직단은 단순히 건물을 뜻하는 것만이 아니라 **왕권**과 왕조를 의미하는 상징적인 존재였던 것이지요.

우리나라 사람들은 예로부터 조상에게 제사를 지내는 것을 무척 중요하게 생각했어요. 종묘는 임금의 조상에게 제사를 지내는 곳이므로 조상의 위패를 모시는 사당 가운데 으뜸이었지요. 태조 이성계는 자신의 4대 조상까지 종묘에 모시도록 했어요. 그리고 조선 왕조 500년 동안 나라를 다스린 25명의 왕(연산군과 광해군 제외)과 실제로는 왕위에 오르지 못했음에도 왕으로 **추존**된 9명의 왕, 그리고 의민 황태자까지 합쳐 총 35명의 왕의 위패와 각 왕비의 위패(48위)가 모셔져 있지요. 왕의 위패는 정전에 19**위**, 영녕전에 16위가 모셔져 있는데, 방 하나에 위패를 하나씩 모시다 보니 건물도 가로로 긴 모양을 하고 있어요. 종묘에서 지내는 제사를 종묘 제례라고 하는데, 조선 시대에는 1년에 여러 차례 제사를 지냈지만 오늘날에는 1년에 한 번(5월 첫 일요일) 지낸답니다.

종묘의 정전
현재 종묘는 유네스코가 지정한 세계문화유산에 등재되어 있어요. 독특한 건축 구조로 널리 인정을 받고 있지요.

사직단은 동쪽의 '사단'과 서쪽의 '직단'을 합쳐 이르는 것으로, 사단에는 땅의 신, 직단에는 곡식의 신을 모셨어요. 사직단에서는 **대사**, 중사, 기곡제, 기우제 등의 제사를 지냈지요. 여기서 기곡제는 임금이 한 해의 농사가 잘되기를 빌며 지내던 제사를, 기우제는 비가 오기를 빌며 지내던 제사를 말해요. 오늘날의 사직공원은 사직단을 일제 강점기에 일본이 도시 공원으로 꾸민 것이에요. 공원 안 북쪽에는 단군의 초상을 모신 전각인 단군성전이 있으며, 그 뒤쪽으로 궁술연마장인 황학정이 있어요. 원래 경희궁 내에 있던 활터를 일본이 이곳으로 자리를 옮겨 새로 지었지요. 바위벽에 '등과정'이라 새겨져 있는 것으로 보아 그 이전부터 활쏘기를 수련하던 곳임을 알 수 있어요.

사직단

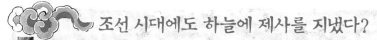

종묘 제례악이 무엇인가요?

조선 시대에, 종묘에서 역대 왕들의 제사를 지낼 때에 쓰던 음악을 말해요. 세종 때 만들었어요. 우리나라 무형 문화재 제1호로, 1996년에는 유네스코 세계무형유산으로도 등재되었답니다.

종묘 제례악

🌸 **대사**
임금이 친히 지내던 제사를 말하는 것으로 종묘 · 환구단(원구단) 등에서 지냈어요. 대사 다음 가는 제사는 중사라 하는데, 대사보다 의식이 간단했어요.

조선 시대에도 하늘에 제사를 지냈다?

한양 주변에는 사직단 외에도 제사를 지내는 제단들이 많이 있었어요. 대표적인 제단들에는 어떤 것들이 있었는지 알아보아요.

환구단(원구단)
비가 오지 않을 때 하늘에 기우제를 지내던 곳이에요. 세조 때 폐지했다가 고종 때 다시 세웠어요. 지금은 조선 호텔 안에 일부가 남아 있지요.

오방토룡단
동 · 서 · 남 · 북 · 중앙에 있던 다섯 제단이에요. 제단 위에 흙으로 만든 용을 올려 놓고 채찍으로 때리며 기우제를 지냈다고 해요. 영조 때 금지되었지요.

선농단
임금이 풍년을 기원하며 제사 지내던 제단이에요. 흥인지문 밖에 있으며, 이때 모여든 사람들에게 쇠뼈로 끓인 국밥을 대접했는데, 여기서 설렁탕이 유래됐어요.

여제단
나라 안에 천연두와 같이 무서운 돌림병이 돌았을 때 하늘에 제사를 지내던 곳이에요. '여단'이라고도 했으며, 창의문(자하문) 밖에 있었어요.

조선의 으뜸 도로인 육조 거리

여기예요!

🌸 **기로소**
70세가 넘는 정2품 이상의 문관들을 예우하여 설치한 기구예요.

🌸 **공조**
산림·하천·호수 및 그와 관련된 공사, 수공업 등에 관한 일을 맡아보던 관아예요.

이제 나랏일을 돌보는 관청을 살펴볼까요? 정도전은 경복궁이 완성된 후, 주요 관아를 경복궁의 남문인 정문(광화문) 앞 도로의 좌우에 건설하였어요. 정문을 중심으로 동쪽에 의정부·이조·한성부·호조·기로소가 위치하고, 서쪽에 예조·중추부·사헌부·병조·형조·공조 등이 자리 잡았지요. 그래서 이 관아 거리를 육조 거리라 불렀답니다. 육조 거리는 경복궁 정문 앞에서 황토현(지금의 세종로 네거리)에 이르는 큰 도로로, 오늘날에는 '세종로'라고 불러요.

또한 이 거리는 한양의 '어가'이기도 했어요. 어가란 '대궐로 통하는 길'이란 뜻이에요. 따라서 육조 거리는 관아 거리인 동시에, 조선 왕

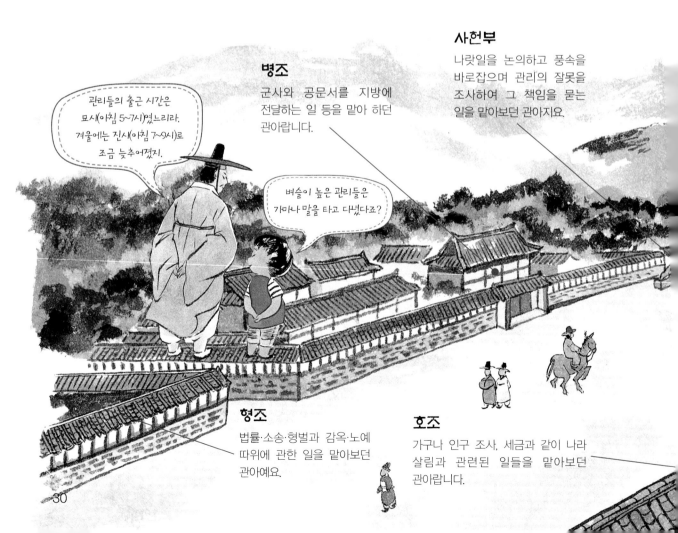

사헌부
나랏일을 논의하고 풍속을 바로잡으며 관리의 잘못을 조사하여 그 책임을 묻는 일을 맡아보던 관아지요.

병조
군사와 공문서를 지방에 전달하는 일 등을 맡아 하던 관아랍니다.

관리들의 출근 시간은 묘세(아침 5~7시)였느니라. 겨울에는 진세(아침 7~9시)로 조금 늦추어졌지.

벼슬이 높은 관리들은 가마나 말을 타고 다녔다죠?

형조
법률·소송·형벌과 감옥·노예 따위에 관한 일을 맡아보던 관아예요.

호조
가구나 인구 조사, 세금과 같이 나라 살림과 관련된 일들을 맡아보던 관아랍니다.

조를 상징하는 으뜸 도로, 도성 내 제일 도로였던 것이지요. 어가를 중심으로 동쪽에 종묘가 있고 서쪽에 사직단이 있기 때문에 어가는 도성을 건설할 때 중심축 역할을 하였답니다.

1398년(태조 7) 정도전은 시를 지어 궁궐을 북극성에, 궁궐 앞 관아들을 북두칠성 등의 별에 비유하였어요. 이처럼 시를 지어 노래할 만큼 그해 여름까지는 경복궁 앞에 여러 관아 건물들이 보기 좋게 들어서고, 거리도 정결하게 꾸며져 있었던 것으로 보여요.

조선 시대에 관리는 어떻게 뽑았나요?

과거 시험을 통해 뽑았답니다. 3년에 한 번씩 정기적으로 열리는 '식년시'와 나라에 경사가 있거나 특별한 일이 있을 때 열리는 '별시'가 있어요. 또한 문신을 뽑는 '문과'와 무신을 뽑는 '무과', 통역관·의사·법률가 같은 기술관을 뽑는 '잡과'로 나뉘었지요.

의정부

행정부의 최고 기관이에요. 영의정·좌의정·우의정이 있어 이들의 뜻에 따라 국가정책을 결정하였으며, 국가 행정을 집행하도록 한 육조를 관할했지요.

중추부

일정하게 맡아보는 일이나 실제 권력을 가지지 않고 이름만 있는 명예직, 즉 당상관들을 속하게 하여 대우하던 관아예요.

예조

국가의 제사, 교육에 관한 업무, 사신을 접대하는 일 등을 맡아보던 관아랍니다.

정문(광화문)

이조

과거를 통해 문관을 뽑아 관직을 정하고 관리하는 등의 일을 맡아 하던 관아지요.

한성부

정치나 사무를 맡아보고, 어떤 문제에 대하여 법을 적용하여 옳고 그른 관계를 판단하는 일 등을 맡아보던 관아예요.

한양의 중심 장터인 운종가

맞아요도 성당 보는기

여기예요!

시전이란 고을이나 도시에 있던 점포를 말하는 것으로 조선 시대에는 지금의 종로 일대에 있었어요. '전조후시'의 원칙에 따라 처음에는 경복궁 뒤쪽에 시전 거리가 계획되었으나, 궁궐 뒤는 산이라 태종 때 종로 거리에 꾸몄지요. 하지만 시전이 건설되기 이전에도 이미 상인들은 종로 거리에 모여 남녀 구별 없이 섞여 서로 장사를 하였다고 해요.

1412년(태종 12)부터 4차례에 걸쳐 총 1,360칸의 시전 건물을 세웠는데, 나라에서 이 건물들을 상인들에게 빌려 주고 일정한 세금을 받았어요. 그리고 시전이 자리잡고 있던 종로 일대 거리를 '운종가'라고 불렀지요. 운종가란 사람들이 구름처럼 모였다가 흩어진다는 뜻에서 붙여진 이름이에요. 1440년(세종 22)에 운종가 네거리 한 가운데에 종루가 세워져 운종가를

피맛골이 뭐예요?

조선 시대에 지금의 세종로는 육조 거리였고, 종로는 장사를 하는 시전 거리였어요. 육조 거리의 끝과 시전 거리가 통하게 되어 있었지요. 그래서 서민들은 종로에서 지위가 높은 벼슬아치들과 마주치면 절을 하느라 한나절이 지나도 못 지나갈 정도였다고 해요. 그래서 그들이 타고 다니는 말을 피하기 위해 지름길로 다녔는데 그 길을 '피맛길', 그 일대를 '피맛골'이라 불렀답니다.

선전

비단을 팔던 시전으로, 한양에 있던 모든 시전의 으뜸 자리에 있었어요. 처음 시전을 세울 때 가장 먼저 설치되어 '입전'이라고도 하였지요. 1920년에 종로를 중심으로 크게 번성하여 오늘날에도 종각 뒤쪽에 비단 도매점들이 있답니다.

어물전

생선류를 팔던 시전을 말해요. 종로1가 청진동 입구 좌우에 있던 것을 '내어물전', 칠패 시장, 즉 서소문 밖에 있던 것을 '외어물전'이라 했어요. 내·어물전에서는 주로 건어물을, 외어물전에서는 생선을 팔았지요.

'종루'라고도 불렀지요. 운종가는 종루를 중심으로 동쪽으로는 연화방(종로4가 연건동 일대), 서쪽으로는 혜정교(광화문우체국 동쪽 복청교 자리), 남쪽으로는 훈도방(을지로2가 저동 일대), 북쪽으로는 안국방(견지동 일대)까지를 말해요. 즉 오늘날 세종로 네거리에서 동대문까지와 안국동 로터리에서 남대문로를 따라 을지로 일대까지의 거리 좌우에 시전이 있었지요.

이 시전을 육의전·육주비전 등으로 부르게 된 것은 조선 중기 선조 이후부터의 일이라고 해요. 1801년(순조 1)에는 여덟 개로 늘어나 '팔주비전'이라고도 불렀지요. 여기서 '주비'는 으뜸이나 우두머리를 뜻해요.

여기서 **잠깐!**

육의전에서 파는 물건을 찾아보거라!

육의전은 운종가의 시전 중 나라에서 필요로 하는 물품을 대는 역할을 맡았던 규모가 큰 여섯 시전을 일컫는 말이에요. 한양에서 주로 거래되는 생선(건어물), 비단, 무명, 모시, 명주, 종이의 여섯 가지 필수품을 각각 독점적으로 팔았어요. **보기**에서 육의전에 해당하는 것을 모두 찾아 ○표 하세요.

| 보기 | 어물전(내·외어물전), 미전, 선전, 면포전, 면주전, 저포전, 연초전, 지전, 유기전, 국전 |

☞정답은 56쪽에

시전은 어떤 역할을 했나요?

첫째, 서울에 사는 사람들의 생활필수품을 댔어요. 둘째, 왕궁의 제사에 필요한 물건이나 관아에서 필요로 하는 물건을 댔어요. 셋째, 나라의 재산인 곡식이나 돈 따위를 넣어 보관하던 창고에서 남아도는 물품이나 외국 사신 일행이 가져온 물품 가운데 나라에서 처리하지 못하는 분량을 부탁받아 처리하는 역할을 했지요.

종루(종각)
오늘날 종로 네거리에 있는 보신각을 말해요. 고종 때부터 보신각이라 불렸는데, 이는 '신의가 두루 미치게 한다.'는 뜻을 담고 있지요.

무명은 면포전, 명주는 면주전, 종이는 지전, 모시는 저포전, 쌀은 미전, 담배는 연초전, 놋그릇은 유기전, 술은 국전에서 팔았느니라.

신분에 따라 사는 곳도 달랐다!

한양에는 대부분 개경에서 옮겨 온 사람들이 살았어요. 그래서 집을 지을 땅을 나라에서 나누어 주었지요. 그런데 신분에 따라 사는 곳도 달랐다고 해요. 어떻게 달랐는지 함께 알아보아요.

양반들이 모여 살았던 북촌

청계천을 기준으로 북쪽인 창덕궁과 경복궁 사이와 삼청동과 가회동 일대를 북쪽 마을이란 뜻에서 '북촌'이라 불렀어요. 주로 양반들, 그 중에서도 신분이 높은 관리나 왕족들이 살았지요. 명당 자리에 속하는 이곳은 한양도성 안에서 가장 부자 동네였답니다. 집들이 남쪽을 향해 있어 해가 잘 들어오고, 뒤에는 산이 있고 앞으로는 물이 흘러 겨울에도 따뜻하며 물도 잘 빠질 뿐 아니라, 앞이 탁 트여 어디에서나 남산이 보였다고 해요. 그리고 경복궁의 서쪽인 효자동 부근에는 궁궐 가까이에 살아야 했던 내시들이 주로 살았지요.

일반 백성들이 모여 살았던 남촌

청계천을 기준으로 남쪽에는 주로 일반 백성들이 모여 살았어요. 그런데 유독 남산골에는 양반들이 살았다고 해요. 남산골은 북촌과는 정반대로 앞쪽에 산이 있고 뒤쪽에 물이 흘러 집을 짓기에는 좋은 조건이 못 되었어요. 하지만 남산 밑이라 조용하고 물도 구하기가 쉬워서 낮은 관리들이나 세력을 잃은 가난한 선비들이 많이 살았던 것이지요. 남산골에 사는 양반들을 흔히 '남산골딸깍발이'라고 불렀는데, 이곳 선비들이 짚신이나 가죽신을 살 돈이 없어 비 오는 날 신는 나막신을 맑은 날에도 딸깍딸깍 신고 다녀서 생겨난 말이라고 해요. 그래서 가난하면서 자존심만 강한 선비들을 '남산골샌님'이라 불렀답니다.

관훈동 민씨가옥

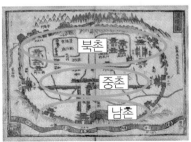

신분에 따라 다르게 형성된 촌락의 위치

중인들이 모여 살았던 중촌

인사동과 청계천 부근은 병을 다스리는 일을 하던 의원, 통역에 관한 일을 맡아하던 역관, 그림 그리는 일을 담당하던 화원 같은 중인, 즉 중간 신분의 사람들이 주로 살았어요. 그리고 개천에는 거지, 경을 친 사람* 등이 움을 파고 살았답니다. 이들은 나름대로 조직을 갖춰 거지 노릇을 하기도 했는데, 이들을 부르던 말이 바로 '깍쟁이'였어요. 이 말이 나중에 인색하고 얄밉게 군다는 뜻으로 바뀌어 서울 사람을 가리키는 말이 되었지요. 또 땅에 움을 파고 산다 해서 이들을 '땅군'이라고도 불렀는데, 포도청에서 이들에게 뱀을 잡아서 팔 수 있는 특권을 주면서 이 말도 '뱀을 잡는 사람'을 가리키는 말로 바뀌었지요.

한양 사람들은 왜 채소를 사다 먹었나요?

초기에 한양 인구는 약 10만 명에 이르렀어요. 당시 도성은 세계에서 손꼽히는 대도시였지요. 주로 양반 관리, 하인, 군인, 상인, 수공업 종사자 등이 살았는데, 대부분 소비생활을 하는 사람들이었어요. 그래서 채소 등을 직접 재배하기보다는 한양 주변에서 재배된 것을 시장에서 사다 먹었어요. 왕십리의 무, 살곶다리의 숲무, 석교의 가지, 오이, 수박, 청파의 미나리, 이태원의 토란 등이 특히 유명했지요. 그래서 한양에는 '이현'이라는 큰 채소 시장도 발달하였답니다.

---

*경을 친 사람 : 죄를 짓고 이마에 문신을 새긴 전과자를 말해요.

여기서 잠깐!

신도팔경이라고 들어 보았느냐?

신도팔경이란 새 도읍지의 여덟 가지 좋은 경치라는 뜻이에요. 정도전이 1398년(태조 7) 완성된 도읍의 모습을 찬양하여 지은 시 제목이지요. 아래 정도전의 신도팔경 내용을 참고하여 내가 생각하는 한양의 최고 경치는 무엇인지 그 이유와 함께 써 보세요.

- **기전산하** : 한양의 산과 물의 모양
- **도성궁원** : 성곽과 궁궐의 모습
- **열서성공** : 여러 관아들이 가지런히 배열된 모습
- **제방기포** : 집들이 바둑판처럼 자리잡고 있는 모습
- **동문교장** : 흥인지문(동대문) 밖 살곶이벌의 국립 목장 풍경
- **서강조박** : 삼개(지금의 마포)나루 서강에 정박한 배들의 모습
- **남도행인** : 남쪽의 강을 건너 도성으로 들어오는 행인들의 모습
- **북교목마** : 북쪽 교외 목장에서 뛰노는 군대에서 쓰는 말들의 모습

살곶이벌의 국립 목장 풍경

(1) 내가 뽑은 한양의 최고 경치 : _____

(2) 그 이유 : _____

☞ 정답은 56쪽에

한양도성은 어떻게 생겼을까요?

한양도성은 도심 가까이에 있어 마음만 먹으면 언제든지 찾아가 볼 수 있는 문화유산이지요. 하지만 남산에 올라 서울 구경을 하면서도 그 길이 한양도성의 성곽 길임을 모르고 지나치는 경우가 더 많답니다. 우리 가까이에 있음에도 제대로 알지 못했던 한양도성의 제 모습과 가치를, 직접 찾아가 우리 눈으로 확인하고 느껴 보아요.

경조오부

김정호의 《대동여지도》 제1첩에 수록된 한양 지도로, 1861년(철종 12)에 만들어진 것이에요. 하나하나의 산보다는 산이 연결되는 산줄기를 중시하여 표현하는 《대동여지도》의 독특한 표현 방식이 그대로 드러나 있답니다. 또한 산줄기와 물줄기가 실감나게 표시되어 있으며, 주요 도시도 글자가 커서 쉽게 눈에 들어와요.

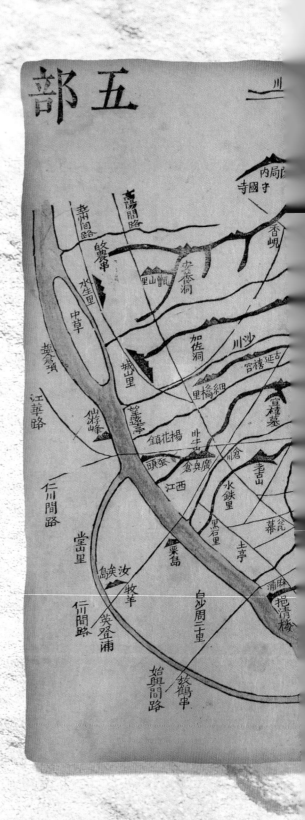

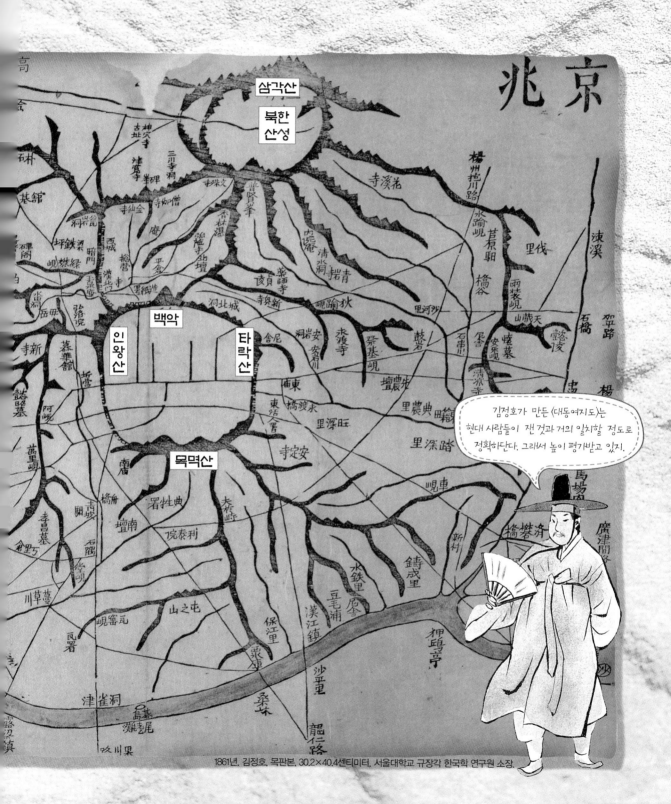

京兆

삼각산

북한산성

寺溪老

楊州抱川路

水踰峴

伐里

涷溪

寺溪老

神穴寺古址
三川寺洞
津寬寺碑峯

洞岩藏
坪鐵梁
暗門
燃綠峴

文殊寺
僧如寺
金仙寺
庵
西城
撥營
漢北城

內隱庵
淸潭洞
靑摺
狄踰峴

里河沙

石串川
山藏天
安馬峴
懿陵

石橋
罕路
懿陵
忠楊

인왕산
백악
타락산

慕華館
折營
新寺
懿陵基
阿峴

北城洞
舍尼
安岩洞
安岩川
永濟寺
碁峴

東廟
永渡橋
東活署

里旺浮

農壇
典農里
鞍峴

里深路

목멱산

南廟
典牲署
南壇
利泰院
夫核峴

里深踏

車峴

馬場路

萬里峴
靑坡
石隅峴
堂峴

李昌墓
金里女

果川果
川草萬
峴審瓦
瓦署

山之屯

新村
鑄成里

押鷗亭

廣津間路

津崔洞
墓島
灘尾

保江里
衆梁
漢江鎮
沙平里
龍仁路
桑林

水鐵里
豆毛浦

濟鹽橋

鎮沒路

1861년, 김정호, 목판본, 30.2×40.4센티미터, 서울대학교 규장각 한국학 연구원 소장.

웅장함이 느껴지는 북악산 코스

북악산 코스(창의문) 가는 방법

교통편 : 지하철 3호선 경복궁역에서 내려서 3번 출구로 나와 버스 1020 · 7212 · 7022번 버스를 타고 자하문 고개에서 내려요.

미리 알아두기 : 탐방로에는 화장실이 없으므로, 미리 볼일을 보고 가는 것이 좋아요.

여기예요!

북한의 무장 공비가 침투했을 때 총알을 맞은 나무예요.

북악산은 고려 시대에는 '면악', 조선 시대에는 '백악'이라 불렸어요. 백악은 백 개의 봉우리에서 유래된 것으로, 우리 선조들은 북악산을 신령스러운 산으로 섬겨 왔답니다. 그래서 한양도성을 쌓을 때에도 중심축 역할을 하였지요. 하지만 한때는 아무나 들어갈 수 없는 산이기도 했어요. 1968년 청와대 뒤에 위치한 이곳까지 북한의 무장 공비가 침투하는 사건이 발생했기 때문이에요. 그러다 40년 만에 지난 2007년 일반인들에게 개방되어 이제는 사진 촬영 등이 제한적이긴 해도 직접 볼 수 있게 되었지요.

북악산 코스는 창의문에서 숙정문으로 이어지는 계단에서부터 시작된답니다. 창의문은 4소문 중 북문에 해당하며, '올바른 것을 드러나게 한다.'는 뜻이 담겨 있어요. 하지만 한양 사람들은 창의문보다는 '자하문'이란 이름을 더 많이 썼다고 해요. 이름은 이 일대가 개경의 자하동처럼 골이 깊고 물과 바위가 아름다워 '자핫골'이라고 부른 데서 유래되었지요. 4소문 중에서 유일하게 원래 모습이 고스란히 남아 있는 문으로, 숭례문

어떤 새인지 맞혀 보거라!

여기서 **잠깐!**

창의문을 통과할 때 위를 올려다보면 알록달록 봉황을 닮은 새 한 쌍이 아름답게 그려져 있어요. 창의문 밖 지형이 지네처럼 생겼기 때문에 지네의 천적인 이 새를 그려 넣은 것이라는 말이 있지요. 이 새는 무엇일까요?

(   )

도움말 잡아먹는 동물을 잡아먹히는 동물의 입장에서 천적이라 하는데, 지네의 천적인 이 새의 새끼를 병아리라고 부르지요.

☞ 정답은 56쪽에

이 불에 타 버림으로써 한양도성의 성문 중 가장 오래된 문이 되었답니다.

조선 시대에 북한과 양주 방면으로 통하는 통로였으나 1413년(태종 13) 사람들이 이곳으로 다니는 것이 왕조에 좋지 않다 하여 문을 닫고 통행을 금지시켰다가 1506년(중종 1)에 다시 열어 놓았어요. 1623년 인조반정 당시에는 능양군을 비롯한 군사들이 이 문을 부수고 궁 안에 들어가기도 했지요.

내사산 중 가장 높은 북악산의 정상인 백악마루에 오르면 삼각산(북한산) 봉우리와 서울 시내 전체가 눈에 들어와요. 북악산은 모습이 탐스럽고 날씬하다 하여 '죽순같이 솟아오른 산' 또는 '벌어지기 직전의 모란꽃 봉우리'로 비유되곤 하지요. 백악마루에서 숙정문 방향으로 내려가다 보면 해발 293미터인 청운대가 나와요. 청운대에서 삼각산(북한산) 쪽을 바라보면, 성곽을 바깥쪽으로 둥글게 튀어나오도록 쌓은 '곡성'을 볼 수 있어요.

인조반정에 공을 세운 신하들의 이름을 판에 새겨 창의문 문루에 걸어 놓은 것이에요.

🏵 인조반정
폭정을 행하던 광해군을 몰아내고 능양군(인조)을 왕으로 세웠던 사건을 말해요.

북악산 코스는 매우 가파른 데다 탐방로가 좁고 계단으로 되어 있어 오르기가 쉽지 않아요. 부암동 주민센터에서 환기미술관 쪽으로 난 산책로를 따라 걸으면 산에 오르지 않고도 북악산 성곽을 볼 수 있어요!

창의문
창의문의 문루는 임진왜란 때 불타 없어진 것을 1740년(영조 16)에 다시 세운 것이에요.

북악산 성곽 중 곡성의 모습
적을 측면에서도 공격할 수 있도록 바깥쪽으로 돌출시켜 쌓은 성곽 중 각이 진것을 치성, 굽을 것을 곡성이라고 해요.

곡성

청운대는 경복궁을 한눈에 살펴보기 좋은 곳이랍니다.

청운대에서 조금 더 내려가면 촛대바위가 나와요. 이곳에는 서울 도심을 한눈에 볼 수 있는 전망대가 설치되어 있지요. 촛대바위에서 조금만 더 가면 숙정문이 나오는데, 숙정문은 4대문 중 북문에 해당해요. 원래 이름은 '숙청문'이었는데, 이는 '세상을 어지럽히는 악인을 처단하여 세상을 맑게 한다.'는 뜻이지요. 1413년 풍수지리학자의 건의로 창의문과 함께 통행이 금지되었어요. 이후 나라에 가뭄이 들어 기우제를 지내야 할 때에만 문이 열렸는데, 숙정문이 물을 상징한다고 생각했기 때문이지요. 숙정문에서 말바위쉼터로 내려오면 출입 관리소가 있어요. 여기에 출입증을 반납하고 산을 내려가면 되지요. 말바위쉼터에서 산 아래로 이어지는 나무 계단을 내려오다 보면 삼청공원과 와룡공원으로 내려가는 갈림길을 만나게 되지요. 삼청공원은 한양도성에서 제일 경치가 좋은 곳으로 손꼽혔던 삼청동 골짜기를 공원으로 꾸민 것이에요. 와룡공원의 맞은편에는 1970~1980년대 정치인들이 즐겨 찾던 고급 술집인 삼청각이 있어요. 지금은 전통문화 공연장으로 이용되고 있지요.

1976년 복원된 숙정문의 모습
복원 당시 숙정문에 문루가 있었는지와 관련해 여러 차례 토론이 열렸어요. 결국 태조 때 문루가 세워졌다는 것을 근거로 하여 문루를 복원하고 현판을 걸었지요. 그런데 복원 당시의 표기법을 기준으로 해 현판의 글자가 왼쪽에서 오른쪽으로 읽도록 돼 있어요.

여기서 잠깐!

일본이 쇠말뚝을 박은 이유는 무엇이겠느냐?

촛대바위 맨 위 중앙에 볼록한 부분을 '지석'이라고 하는데 일제 강점기에 쇠말뚝을 박았던 곳이라고 해요. 삼각산(북한산), 치악산, 팔공산 등 전국의 이름난 산에는 대부분 이렇게 쇠말뚝이 박혀 있었다고 해요. 이처럼 일본이 쇠말뚝을 박은 이유는 무엇일지 써 보세요.

지석

촛대바위

정답은 56쪽에

깔끔함이 돋보이는 낙산 코스

경복궁의 동쪽에 위치하여 백악의 좌청룡이 된 낙산은 산 모양이 낙타의 등과 같다고 하여 낙타산 또는 타락산이라 불렀어요.

낙산 코스의 출발점은 흥인지문이에요. 흥인지문은 4대문의 동문으로, 처음에는 '흥인문'이라 불렀지요. 흥인문은 '인을 일으켜 흥하게 한다.'는 뜻이에요. 4대문 중에서 유일하게 성문 밖으로 옹성을 반달 모양으로 쌓아 3면에서 방어할 수 있도록 하였지요. 이는 지대가 낮은 곳에 세워져 방어력이 약한 것을 보강하기 위한 것이에요. 하지만 임진왜란 때 가장 먼저 뚫리는 수모를 겪기도 했지요. 지금의 흥인지문 문루는 1869년(고종 6)에 새로 지은 목조 건물로 조선 말기의 대표적 건축물로 손꼽혀요. 하지만 숭례문과 비교해 그 짜임새의 아름다움이 다소 떨어진다고 평가받았지요. 고종은 이곳의 약한 땅의 기운을 돋우기 위해 '지(之)' 자를 보강하여 '흥인지문'이라 고치고 현판도 두 글자씩 두 줄로 배치

낙산 코스(흥인지문) 가는 방법

지하철 : 1, 4호선 동대문역에서 내려요.
버스 : 동대문에서 내려요.

간선	102, 107, 108, 301, N16 등
지선	7025
광역	9403

여기예요!

흥인지문과 옹성의 모습

옹성

땅의 기운을 돋우기 위해 두 글자씩 배치된 흥인지문의 현판

흥인지문 문루의 측면 모습

낙산의 정상인 낙산공원 푯돌

해 걸었다고 해요.

흥인지문에서 창신성곽길을 따라 올라가다 보면 성곽 중간중간 남아 있는 암문을 통해 충신동 풍경도 엿볼 수 있어요. 성곽을 경계로 구분된 창신동과 충신동의 지형과 경사 등을 비교해 보는 것도 재미있지요. 낙산은 가파르지 않아 산책하기에 매우 좋아요. 약 20~30분이면 낙산공원에 다다를 수 있지요. 낙산공원은 '서울의 몽마르트르 언덕'이라고도 불려요. 오른쪽의 도봉산, 정면의 북악산과 인왕산, 왼쪽의 남산까지 도심의 산과 4대문 안 빌딩 숲이 아름답게 펼쳐지지요. 단정하게 조성된 공원과 낙산의 역사를 볼 수 있는 전시관, 전망광장 등을 둘러보다 보면 서울을 내 품 안에 안은 듯 마음까지 넉넉해진답니다. 그런데 안타깝게도 성곽은 낙산공원에서 끊어지고 말아요. 그 너머는 집들로 막혀 있지요.

여기서 **잠깐!**

성곽의 특수 장치들 이름을 맞혀 보거라!

아래 그림들은 성곽의 특수 장치들이에요. 각각의 모양에 알맞은 이름과 설명을 찾아 연결해 보세요.

치성
성곽으로 다가오는 적의 정면과 측면을 같이 공격할 수 있도록 튀어나오게 쌓은 것으로, 몸을 숨기고 적을 공격할 수 있지요.

옹성
성문 밖에 세운 작은 성으로 반달 모양이어서 '월성'이라고도 해요. 성을 나가지 않고도 성문 가까이에 온 적을 뒤에서 공격할 수 있지요.

암문
성곽에 적의 눈에 띄지 않게 만들어 놓은 문을 말해요. 평소에는 막아 두었다가 필요할 때에 비상구로 사용하였지요.

☞ 정답은 56쪽에

낙산에서 내려왔다면 이제 4소문 중 동문에 해당하는 혜화문으로 가 보아요. 혜화문은 도성의 동북쪽에 위치하여 숙정문을 대신하여 함경도 등 북쪽 지방과 통하는 관문 역할을 하였답니다. 그래서 북쪽에 있던 여진(후금)의 사신이 조공을 받치기 위해 한양에 들어올 때 이 문을 이용하였지요. 여진의 사신은 이 문을 지나 지금의 이화여대 부속병원 주변에 있던 여진의 지정 숙소인 북평관으로 가곤 했답니다. 임진왜란 때 문루가 파괴된 것을 영조 때 다시 세웠는데 일제 강점기에 도시 계획이라는 이름 아래 전찻길을 닦으면서 완전히 철거되고 말았지요. 지금의 혜화문은 1994년에 복원 된 것이에요. 문루의 천장에는 대개 용을 그려 넣곤 했는데 혜화문에는 성 밖의 새로 인한 피해를 막기 위해 봉황을 그려 넣었다고 해요.

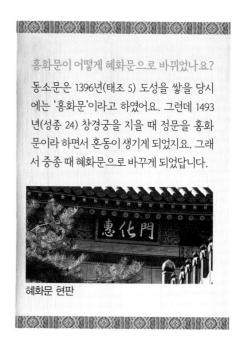

홍화문이 어떻게 혜화문으로 바뀌었나요?
동소문은 1396년(태조 5) 도성을 쌓을 당시에는 '홍화문'이라고 하였어요. 그런데 1493년(성종 24) 창경궁을 지을 때 정문을 홍화문이라 하면서 혼동이 생기게 되었지요. 그래서 중종 때 혜화문으로 바꾸게 되었답니다.

혜화문 현판

이제 성북동 쪽으로 가 볼까요? 성북동 성곽은 서울과학고등학교 뒤에서 시작된답니다. 성곽을 따라 이어진 산책로가 잘 정돈돼 있지요. 하지만 창신성곽길보다는 경사가 급하고 계단이 많은 편이에요. 10~20여 분 걷다 보면 와룡공원에 도착하지요.

🌸 조공
정치나 경제·군사 면에서 지배를 받는 나라가 지배하는 나라에게 때를 맞추어 예물을 바치는 일을 뜻해요.

1994년에 복원된 혜화문의 모습

지금의 혜화문은 원래 위치에서 서북쪽으로 약 30미터 정도 옮겨진 자리에 위치해 있답니다.

친근하게 다가오는 남산 코스

남산 코스(광희문) 가는 방법

지하철 : 2 · 4 · 5호선 동대문운동장역에서 내려요.
버스 : 동대문운동장 광희동에서 내려요.

간선	105, 144, 149, 301, 302, 420, 507 등
지선	2012, 2014, 2015 등

여기에요!

🌸 **주작**
남쪽 방위를 지키는 수호신을 상징하는 짐승이에요. 흔히 붉은 봉황으로 나타내지요.

🌸 **수구**
물을 끌어들이거나 흘려보내는 곳을 말해요.

인경산, 목멱산, 마뫼 등으로도 불렸던 남산은 백악의 맞은편에 자리한 산으로 풍수지리에서 주작에 해당하는 중요한 의미를 지녔지요. 태조는 남산을 남쪽의 외적을 막는 자연의 방패로 삼아 도성을 쌓았답니다.

남산 코스의 시작점은 4소문의 남문에 해당하는 광희문이에요. 한양도성의 동남쪽에 위치한 광희문은 실질적인 도성의 남문으로서 흔히 수구문이라 불렀어요. 청계천이 흘러 나가는 곳에 세워진 수구가 광희문보다는 동대문에 가깝지만 편의상 그렇게 부른 듯해요. 광희문은 실제로는 수구문이 아니라 도성 안의 시체가 나가는 시구문으로 이용되었답니다. 도성 내 장례 행렬이 동쪽으로 나갈 때 통과하는 문으로 쓰였던 것이지요. 또한 일본 사신들은 이 문을 이용하여 인현동에 있던 지정 숙소인 동평관으로 향하였답니다.

광희문에서 장충체육관을 지나 남산 방향으로 이어지는 골목에 들어서면 신라호텔과 주택가 사이로 산책로가 보여요. 여기서부터 남산 성곽길이 시작되지요. 남산은 내사산 중에서 일반인들에게 가장 친밀한 산이었어요. 비교적 오르기에 편하고 주위가 숲으로 둘러싸

숙종 때 다시 세워진 광희문(왼쪽)과 장충체육관 뒤쪽에서 시작되는 남산 성곽의 일부(오른쪽)

여 있어 경치가 아름답기 때문이랍니다. 남산 성곽길은 수시로 길이 끊어졌다 이어지기를 반복해요. 철책으로 가로막힌 곳도 있지요. 철책이 있는 곳을 돌아서 남산 정상에 오르면 정상부터는 다시 성곽길을 걸을 수 있답니다. 정상에는 복원된 남산 봉수대도 있어요. 1394년(태조 3)부터 1894년까지 500년간 조선의 중요한 통신 수단 역할을 하였지요. 봉수대 옆에는 N 서울 타워가 있어요. 방송을 전파하는 전파탑으로 전망대 역할까지 하는 남산의 상징물이지요. 전망대에 오르면 날씨가 좋은 날에는 서울 시내는 물론 멀리 개성의 송악산과 인천항까지 볼 수 있어요. 여기서 지금은 사라진 남산식물원 쪽으로 향하면 끊어졌다가 다시 이어지는 성곽길을 따라 남산을 내려갈 수 있지요.

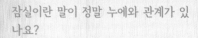

잠실이란 말이 정말 누에와 관계가 있나요?

예전에는 남산의 서쪽 봉우리를 '누에머리'라고 불렀어요. 그런데 누에는 뽕잎을 먹고 살기 때문에 풍수지리상 남산의 운이 트이고 복이 들어오려면 뽕잎을 대어 줄 필요가 있었어요. 그래서 남산이 정면으로 마주 보이는 한강 건너 사평리에 뽕나무를 많이 심었다고 해요. 이에 따라 그곳을 누에를 치는 방이라는 뜻으로 '잠실'이라 했으며 송파구 잠실동과 중복을 피하기 위해 지금은 '잠원동'이라 부르게 되었지요.

남산 성곽의 모습

🌸 봉수
횃불을 뜻하는 '봉'과 연기를 뜻하는 '수'를 합쳐서 이르는 말이에요. '봉화'라고도 하는데, 낮에는 연기, 밤에는 횃불을 피워 급한 일을 전달하던 통신 수단의 하나이지요.

봉수대의 연기가 무엇을 뜻하는지 아느냐?

여기서 **잠깐!**

봉수는 피어오르는 연기의 숫자로 의미를 전달했어요. 전국에서 전달되는 봉수는 모두 남산 봉수대에 모였는데, 부산에서 시작된 봉수가 2시간 만에 남산에 도달했다고 해요. 아래 그림이 의미하는 것은 각각 무엇인지 줄로 이어 보세요.

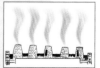

적과 싸움이
시작됐어요.

적이 국경을
침범했어요.

적이 국경에
접근했어요.

적이
나타났어요.

평화로워요.

도움말 연기의 숫자가 많을수록 위급한 상황임을 나타내지요.

☞정답은 56쪽에

숭례문의 현판은 왜 세로로 세워져 있었나요?

흔히 '예'자는 불을 나타내는 글자라 생각했기 때문에 불이 타오르는 모양처럼 세워서 달았다고 해요. 그리고 한강 건너 관악산의 불기가 도성을 위협하므로 숭례문 현판을 세워 달아 맞불로 도성을 보호하고자 했다는 설도 있지요. 또한 한양도성의 정문이므로 중국의 사신 등 귀한 손님들을 서서 맞이하는 예의를 갖춘 모습이라고 해석하기도 한답니다.

2008년 화재 전의 숭례문 모습
세로로 세워진 숭례문 현판의 모습이 보여요.

산을 내려가다 보면 중턱쯤에서 안중근의사기념관을 만나게 되는데, 안중근 의사의 생애와 업적을 한눈에 볼 수 있는 전시관이에요. 원래 이곳은 일제 강점기에 조선 신궁이 있던 자리라고 해요. 신궁이란 일본의 죽은 왕이나 왕족의 시조를 모시던 제단을 말하지요. 거기서 더 내려가면 백범광장이 나와요. 원래는 이승만 대통령의 동상이 있던 곳이었으나 조국의 광복을 위해 일생을 바친 백범 김구의 동상을 대신 세우면서 백범광장으로 꾸며졌어요.

이제 산을 내려와 숭례문으로 가 볼까요? 숭례문은 4대문 중 남문에 해당되며, '예를 숭상한다.'는 뜻이 담겨 있지요. 한양도성의 8개의 성문 중 가장 웅장하고 규모가 커 도성의 얼굴 구실을 하였답니다. 숭례문의 현판 글씨는 태종의 큰아들 양녕 대군이 쓴 것이라고 전해지는데, 천하 명필로 불리는 김정희도 그것을 보고 감탄을 하였다고 해요. 숭례문은 대한민국 국보 제1호로 오랫동안 우리나라를 상징하는 대표적인 문화재로 여겨져 왔답니다.

남대문은 한양도성의 정문으로 조선 시대는 물론 최근까지도 우리나라의 얼굴 구실을 하였지요.

아름답게 빛나는 인왕산 코스

경복궁 서쪽에 위치해 백악의 우백호가 된 인왕산은 조선 초기에는 서봉, 서산이라 불리다가 후기에 인왕사라는 절이 있다 해서 인왕산이라 부르게 되었어요. 인왕산을 중심 산으로 삼아 사직단을 건설하였으며, 당시만 해도 인왕산에 호랑이가 많이 살았다고 해요.

인왕산 코스의 시작은 숭례문이에요. 숭례문에서 인왕산으로 이어지는 성곽은 일제 강점기에 훼손되어 거의 남아 있지 않아요. 성곽은 숭례문에서 지금의 대한상공회의소를 지나 대한통운을 거쳐 소의문으로 이어져 있었어요. 소의문은 4소문 가운데 서문에 해당했으며, 조선 초기에는 '소덕문'이라 불렸지요. 임진왜란 때 문루가 파괴된 것을 영조 때 다시 세웠어요. 그런데 이때 예종의 비인 장순 왕후의 시호, 즉 죽은 뒤에 공덕을 칭송하여 붙이는 이름이 '소덕'으로 정해지면서 중복을 피하기 위해 '소의문'으로 고쳐 부르게 되었지요.

인왕산 코스(남대문) 가는 방법

지하철 : 1호선 서울역 또는 4호선 회현역에서 내려요.

버스 : 남대문(숭례문) 회현역이나 삼성플라자에서 내려요.

간선	173, 261, 262, 402, 405, 501, 603 등
지선	1020, 1711, 7011, 7017, 7021 등
광역	7401, 9703, M5107, M7106, M7111 등

여기예요!

대한상공회의소 서쪽 담장의 모습

소덕문 터의 푯돌
소덕문이 있던 자리에 서소문로라는 도로가 생겨 소의문의 정확한 위치는 알 수 없어요. 다만 내리막길이 시작되는 곳이 그 터일 것으로 추정하고 있지요.

돈의문은 '이괄의 난'과 '을미사변'을 겪은 문이기도 해요. 이괄의 난이란 1624년(인조 2) 이괄이 인조반정의 공이 큼에도 2등 공신이 된 것에 불만을 갖고 일으킨 반란이에요. 안산(무악재) 전투에서 패배한 이괄이 돈의문으로 도망치려 하였으나 시민들이 문을 닫아 숭례문으로 겨우 들어가 광희문으로 빠져나갔다고 해요. 1895년(고종 32) 을미사변 때 일본인들은 흥선 대원군*과 돈의문 앞에서 만나 경복궁으로 침범하여 고종의 비인 명성황후를 시해하였지요.

*흥선 대원군 : 고종의 아버지예요.

돈의문 터 푯돌

소의문에서 성곽은 다시 지금의 배재공원과 이화여고를 지나 인왕산으로 이어져요. 배재공원은 한국 최초의 근대식 중등교육기관이었던 배재학당과 독립운동가 남궁억의 집터가 있던 자리이지요. 이화여고 역시 이화학당이란 이름으로 문을 연 한국 최초의 사립 여성교육기관이랍니다.

이화여고에서 성곽은 돈의문으로 이어졌는데 돈의문은 4대문 중 서문에 해당하며, '의를 돈독하게 한다.'는 뜻이에요. 1396년(태조 5)에 세울 당시에는 돈의문의 위치가 사직동 부근이었는데, 태종 때 풍수지리학자의 의견을 받아들여 경희궁 서쪽 언덕으로 옮겨 짓고 '서전문'이라 불렀다고 해요. 그러다 세종 때 다시 서전문을 허물고 지금의 서대문 마루턱에 새로이 돈의문을 세웠지요. 그래서 그 이후로는 돈의문을 '새문(신문)'이라고도 불렀답니다. 하지만 돈의문은 1915년 일제 강점기에 전찻길을 만들기 위해 철거되어 지금은 볼 수가 없지요. 다만 지금의 신문로 큰길과 정동에서 평동으로 통하는 길이 교차하는 마루턱에 위치하였다는 것만 짐작할 뿐이에요. 돈의문에서 성곽은 지금의 교육위원회와 사직터널을 지나 인왕산으

이화여고 내 성곽의 흔적(왼쪽)과 행촌동 성곽의 모습(오른쪽)

로 이어졌어요. 사직터널 위에 올라서면 양의문교회가 높이 솟아 있는데, 여기서부터 성곽이 다시 시작된다는 안내문이 서 있지요. 사직터널 위는 행촌동이에요. 권율 장군이 살던 집터에 450년 된 은행나무가 아직도 서 있기 때문에 붙여진 이름이지요.

인왕산은 산 전체가 화강암으로 이루어져 있어서 독특한 모양의 바위가 많아요. 그래서 산이 높은 편이 아닌데도 우람하고 억센 기상을 엿볼 수 있지요. 조선 시대에도 도성 안에서 경치가 아름다운 곳으로 이름이 높았답니다. 또한 인왕산에 왕기가 서려 있다 하여 무학대사는 인왕산을 한양도성의 주산으로 삼을 것을 주장하였다고 전해지기도 해요.

인왕산 정상은 서울 전체를 내려다볼 수 있다는 점과 북악산을 정면으로 마주 볼 수 있다는 점이 장점이에요. 인왕산 정상에서 창의문으로 내려가는 성곽 길은 숙종 때 보수된 부분으로 성벽의 돌들이 반듯반듯한 모양을 하고 있지요. 그 길을 따라가다 보면 창의문과 만나게 된답니다.

🌸 화강암
흰색 또는 엷은 회색을 띠며 닦으면 광택이 나는 돌이에요. 단단하고 아름다워서 비석 등의 재료로 많이 쓰이지요.

인왕산의 기차바위와 성곽 모습
인왕산 밑 정원군의 집에서 왕기가 서린다는 소문에 광해군이 그 자리에 경희궁을 짓기도 했답니다.

여기서 **잠깐!**

바위의 이름을 맞혀 보거라!

오른쪽의 재미있게 생긴 바위는 인왕산에서 으뜸으로 꼽히는 바위예요. 스님이 장삼을 입고 서 있는 것 같다고 해서 불도를 닦는다는 뜻의 한자를 따서 이름 붙여졌어요. 또 이성계와 무학대사 또는 이성계 부부의 상이라고도 하지요. 자식이 없는 사람이 이 바위에 빌면 자식이 생긴다고 해서 정성을 들이는 사람들이 많았어요. 지금도 돌을 문질러 붙인 자국이 많이 남아 있답니다. 이 바위의 이름은 무엇일까요?

(   )

도움말 불도를 닦는다는 뜻의 한자로 많이 쓰이는 '선(禪)'자를 넣어 바위 이름을 붙여 보세요.

☞ 정답은 56쪽에

육백 년 서울의 역사,
한양도성을 돌아보고······

　'서울 정도 육백 년'이란 말을 들어 본 적 있나요? 이 말은 서울이 조선 시대부터 지금까지 우리나라의 도읍, 즉 수도 역할을 해 온 지 육백 년이 되었다는 뜻이에요. 따라서 조선 초기에 세워진 한양도성은 육백 년이라는 긴 시간 동안 우리나라의 수도로서 그 역할을 다해 온 서울의 동무라고 할 수 있지요. 일제 강점기에 많은 부분이 파괴되는 아픔을 겪은 것도 바로 조선 왕조와 우리 민족의 상징물로 여겨졌기 때문이었어요. 그런 아픈 역사를 간직하고 있기에 한양도성은 더욱 가치 있는 문화유산이지요.

　그런데 지난 2008년 2월, 국보 제1호였던 숭례문이 화재로 인해 또다시 아픔을 겪었어요. 일제의 파괴 앞에서도, 한국 전쟁의 포탄 아래에서도 꿋꿋하게 남아 있던 숭례문이 화재로 무너지는 것을 보며 많은 사람들이 반성을 하였답니다. 우리가 문화재를 지키는 데 얼마나 소홀했는지 깨달을 수 있었기 때문이지요.

또한 최근에 반듯하고 깨끗하게 복원된 성곽과 울퉁불퉁 못생기고 이끼가 낀 조선 시대의 성곽을 비교해 보면, 세월의 이끼가 낀다는 것이 얼마나 아름답고 가치 있는 것인지 쉽게 깨달을 수 있지요.

이처럼 문화재란 한번 파괴되면 그 가치를 그대로 되살릴 수 없는 것이랍니다. 복원했다고 문화재가 가지는 모든 가치까지 되살아나는 것은 아니기 때문이에요. 그런 의미에서 한양도성은 우리 문화재의 파괴와 복원의 역사를 말해 주는 증인인 셈이지요. 파란만장*한 육백 년 서울의 역사를 고스란히 간직한 한양도성에 대한 체험이 문화재가 지니는 진정한 의미와 가치를 깨닫고, 그것을 지키기 위해 앞으로 어떤 노력을 해야 할지 고민하는 시간이 되었으면 좋겠어요.

*파란만장 : 사람의 생활이나 일의 진행이 여러 가지 곡절과 시련이 많고 변화가 심한 것을 뜻해요.

51

나는 한양도성 박사!

한양도성을 돌아보고 수도 서울의 역사와 숨결을 느껴 보았나요? 그렇다면 이제 체험을 통해 얼마나 많은 것을 알게 되었는지 확인해 보아요. 다음 문제들을 풀면서 스스로 점검해 보세요.

❶ 관계 있는 것끼리 연결하세요.

한양도성 4대문의 이름에는 유교의 네 가지 기본 덕목이 담겨 있어요. 각각의 덕목과 관계 있는 성문과 또 그 성문에 알맞은 설명을 찾아 연결해 보세요.

(1) 인(仁)

돈의문

4대문 중 남문이며 화(火), 즉 불에 해당해요. '예를 숭상한다.' 는 뜻을 담고 있지요.

(2) 의(義)

숙정문

4대문 중 동문이며 목(木), 즉 나무에 해당해요. '인을 일으켜 흥하게 한다.'는 뜻을 담고 있지요. 약한 땅의 기운을 돋우기 위해 '지(之)'자가 더 보강되었어요.

(3) 예(禮)

숭례문

4대문 중 서문이며 금(金), 즉 쇠에 해당해요. '의를 돈독하게 한다.'는 뜻을 담고 있지요.

(4) 지(智)

흥인지문

4대문 중 북문이며 수(水), 즉 물에 해당해요. 지혜로울 지(智) 와 의미가 같은 정(靖)을 대신 써 '지혜로움으로 백성을 평안 하게 만든다.'는 뜻을 담고 있 지요.

❷ 빈칸을 채워 보세요.

아래는 한양도성의 지도랍니다. 빈칸에 들어갈 알맞은 이름을 **보기**에서 찾아 써 보세요.

보기	숭례문 혜화문 창의문 흥인지문 경복궁 사직단 종묘 운종가

❶ (   )   ❷ (   )

❸ (   )   ❹ (   )

❺ (   )   ❻ (   )

❼ (   )   ❽ (   )

❸ 사진을 찍어 붙여 보세요.

한양도성을 체험학습하면서 찍은 성곽 사진 중 하나를 붙이고 어디에서 찍은 모습인지 써 보세요.

여기에 사진을 붙여 주세요.

◀ (   )에서 찍은 성곽의 모습

정답은 56쪽에

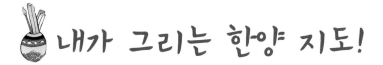

내가 그리는 한양 지도!

한양의 모습을 담은 옛 지도를 통해 우리는 옛 사람들이 한양을 어떻게 생각하고 있었는지, 또 한양은 어떤 구조로 이루어져 있었는지 등을 알 수 있어요. 따라서 한양 지도를 직접 그려 보면 한양에 대해서도 좀 더 깊이 있게 이해할 수 있지요. 자, 그럼 지도를 통해 한양 도성을 이해하는 시간을 가져 보아요.

1. 옛 한양 지도들은 어떤 특징을 가지고 있는지 알아보아요!

옛 지도들이 어떤 특징을 가지고 있는지 알면 옛 지도가 가지는 의미를 이해하는 데도 많은 도움이 될 거예요. 아래 친구들의 말을 통해 옛 한양 지도의 특징을 살펴보고 그 의미를 함께 생각해 보아요.

한양을 둘러싼 산과 강을 마치 한 폭의 풍경화처럼 아름답게 그린 지도가 많아.

대부분 실제 크기와 상관없이 종이 한 장에 도성 안과 밖이 다 들어가도록 그렸어.

그래서 도성 안과 밖의 축소 비율이 서로 달랐어. 주로 도성 안은 크게, 밖은 작게 그리곤 했지.

2. 어떤 형태로 지도를 그릴지 선택해 보아요!

똑같은 한양이라도 형식을 조금 달리하면 전혀 다른 느낌의 지도가 완성되지요. 아래에 제시된 한양 지도들의 특징을 잘 살펴보고 나는 어떤 형태로 그릴지 선택해 보아요.

풍경화같이 아름다운 지도	중요한 부분만 강조한 지도	과학적으로 정확하게 그린 지도

 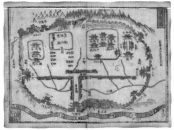 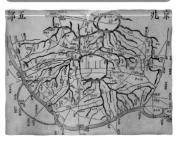

3. 한양 지도를 직접 그려 보아요!

앞에서 살펴본 내용을 종합하여 한양 지도를 직접 그려 보아요. 아래 친구들의 말에 유의하여 그리면 보다 멋진 한양 지도를 그릴 수 있을 거예요.

> 한양도성 성곽의 위치를 먼저 정한 다음, 도성 안과 밖을 그리는 것이 좋아.

> 지도를 세밀하게 그리는 건 아직 힘들겠지? 내가 선택한 지도의 특징과 한양도성의 주요 부분만 잘 살려서 그려 봐.

> 옛 지도를 그대로 따라 그려 보는 것도 좋지만 한양도성에 대한 내 느낌이 들어 있는 나만의 지도를 그려 보는 것도 좋지.

 다른 친구들은 이렇게 그렸어요!

경기 부천 상일초등학교 2학년 윤찬진

> 성곽의 위치를 먼저 정해 두지 않으면 공간이 너무 남거나 부족해 원하는 지도 모양을 그리기 어렵답니다.

> 지도 위에 사람을 그려 넣으니 느낌이 새롭지 않느냐?

경기 용인 동천초등학교 6학년 은서경

여기서
잠깐!

13쪽 예 조선의 건국은 새로운 사회를 여는 대단한 사건이었다고 생각해요. 왜냐하면 부패한 고려 말의 사회를 개혁하며 건국되었기 때문이에요. / 조선의 건국은 별다른 변화를 가져오지 못했다고 생각해요. 왜냐하면 처음에는 고려의 법과 제도를 그대로 따랐기 때문이에요.

16쪽 예 도읍지는 대개 한 나라의 정치·경제·사회·문화의 중심지 역할을 해요. 또한 그 나라를 하나로 묶는 기능도 하지요. 따라서 도읍이 알맞은 곳에 위치하지 않으면 사회가 하나로 묶이지 못하여 다툼이 일어나는 등 나라가 제대로 운영될 수 없어요.

21쪽

| 세축 | 축조 | 태축 | 순축 |

27쪽 화재가 났다든지 전염병이 돈다든지 하는 특별한 사정으로 옮겨다니기도 했지만 그보다는 정치적인 이유가 더 컸어요. 반대 세력을 멀리하고 왕 중심으로 새롭게 분위기를 바꾸는 의미가 컸던 것이지요.

33쪽 어물전(내·외어물전), 선전, 면포전, 면주전, 저포전, 지전

35쪽 예 (1) 성곽과 궁궐의 모습 / (2) 육백 년이 지난 오늘날에도 그 아름다움을 잃지 않고 있기 때문입니다.

38쪽 닭

40쪽 풍수지리에서는 명당 자리에 그 민족의 정신과 기운이 흐른다고 보았어요. 따라서 우리 민족의 정신과 기운을 꺾어 버리기 위해 이름난 산(명당 자리)에 말뚝을 박았던 것이에요.

42쪽

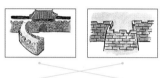

치성
성곽으로 다가오는 적의 정면과 측면을 같이 공격할 수 있게 튀어나오도록 쌓은 것으로, 몸을 숨기고 적을 공격할 수 있지요.

옹성
성문 밖에 세운 작은 성으로 반달 모양이어서 '월성'이라고도 해요. 성을 나가지 않고도 성문 가까이에 온 적을 뒤에서 공격할 수 있지요.

암문
적의 눈에 띄지 않게 성곽에 만들어 놓은 문을 말해요. 평소에는 돌로 막아 두었다가 필요할 때에 비상구로 사용하였지요.

45쪽

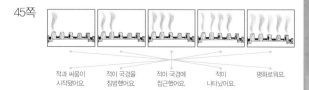

적과 싸움이 시작됐어요.
적이 국경을 침범했어요.
적이 국경에 접근했어요.
적이 나타났어요.
평화로워요.

49쪽 선비위

나는 한양도성 박사!

❶ 관계 있는 것끼리 연결하세요.

(1) 인(仁)

(2) 의(義)

(3) 예(禮)

(4) 지(智)

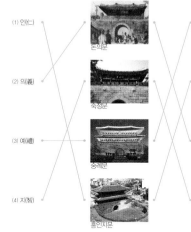

돈의문

숙정문

숭례문

흥인지문

4대문 중 남문이며 화(火), 즉 불에 해당해요. '예를 숭상한다.'는 뜻을 담고 있지요.

4대문 중 동문이며 목(木), 즉 나무에 해당해요. '인을 일으켜 흥하게 한다.'는 뜻을 담고 있지요. 약한 땅의 기운을 돋우기 위해 '지(之)'자가 더 보강되었어요.

4대문 중 서문이며 금(金), 즉 쇠에 해당해요. '의를 돈독하게 한다.'는 뜻을 담고 있지요.

4대문 중 북문이며 수(水), 즉 물에 해당해요. 지혜로울 지(智)와 의미가 같은 정(靖)을 대신 써 '지혜로움으로 백성을 평안하게 만든다.'는 뜻을 담고 있지요.

❷ 빈칸을 채워 보세요.

❶ 창의문 ❷ 경복궁
❸ 혜화문 ❹ 사식난
❺ 종묘   ❻ 운종가
❼ 흥인지문 ❽ 숭례문

❸ 사진을 찍어 붙여 보세요.

◀ 북악산에서 찍은 성곽의 모습

사진 출처

주니어김영사 14p(성계탕과 성계육, 조랑떡국), 15p(청계산 망경대), 17p(북악산에서 본 청와대와 경복궁), 28p(종묘 영녕전, 종묘 정전), 29p(종묘 제례악, 사직단), 34p(관훈동 민씨가옥), 38p(창의문 월단), 39p(인조반정 공신 이름, 창의문), 42p(낙산공원 푯돌), 43p(혜화문), 50~51p(서울성곽)

나각순 3p(서울성곽), 15p(관악산 연주봉), 20p(각자, 낙산 성곽), 38p(총탄 맞은 나무), 39p(곡성), 40p(숙정문, 촛대바위), 41p(흥인지문 현판, 흥인지문 문루 측면), 44p(광희문, 장충체육관 뒤쪽 성곽 길), 45p(남산 성곽), 46p(숭례문), 47p(상공회의소 담장, 소의문 터 푯돌), 48p(돈의문 터 푯돌, 이화여고 내 성곽 흔적, 행촌동 성곽), 49p(기차바위, 선바위)

서울대학교 규장각 8~9p(도성도), 36~37p(경조오부)

현대 아산 12p(선죽교), 13p(고려성균관, 수창궁 용머리 조각상)

서울역사박물관 22~23p(한양도)

김원미 26p(경복궁 근정전), 27p(광화문, 창덕궁, 창경궁, 경운궁, 경희궁)

서울특별시사편찬위원회 41p(흥인지문과 옹성의 모습), 52p(돈의문)

초등학교 교과서와 관련된 학년별 현장 체험학습 추천 장소

1학년 1학기 (21곳)	1학년 2학기 (18곳)	2학년 1학기 (21곳)	2학년 2학기 (25곳)	3학년 1학기 (31곳)	3학년 2학기 (37곳)
철도박물관	농촌 체험	소방서와 경찰서	소방서와 경찰서	경희대자연사박물관	IT월드 (과천정보나라)
소방서와 경찰서	광릉	서울대공원 동물원	서울대공원 동물원	광릉수목원	강원도
시민안전체험관	홍릉 산림과학관	농촌 체험	강릉단오제	국립민속박물관	경희대자연사박물관
천마산	소방서와 경찰서	천마산	천마산	국립서울과학관	광릉수목원
서울대공원 동물원	월드컵공원	남산골 한옥마을	월드컵공원	국립중앙박물관	국립경주박물관
농촌 체험	시민안전체험관	한국민속촌	남산골 한옥마을	기상청	국립고궁박물관
코엑스 아쿠아리움	서울대공원 동물원	국립서울과학관	한국민속촌	서대문자연사박물관	국립국악박물관
선유도공원	우포늪	서울숲	농촌 체험	선유도공원	국립부여박물관
양재천	철새	갯벌	서울숲	시장 체험	국립서울과학관
한강	코엑스 아쿠아리움	양재천	양재천	신문박물관	남산
에버랜드	짚풀생활사박물관	동굴	선유도공원	경상북도	남산골 한옥마을
서울숲	국악박물관	고성 공룡박물관	불국사와 석굴암	양재천	롯데월드 민속박물관
갯벌	천문대	코엑스 아쿠아리움	국립중앙박물관	경기도	국립민속박물관
고성 공룡박물관	자연생태박물관	옹기민속박물관	국립민속박물관	이화여대자연사박물관	삼성어린이박물관
서대문자연사박물관	세종문화회관	기상청	전쟁기념관	전쟁기념관	서대문자연사박물관
옹기민속박물관	예술의 전당	시장 체험	판소리	천마산	선유도공원
어린이 교통공원	어린이대공원	에버랜드	DMZ	한강	소방서와 경찰서
어린이 도서관	서울놀이마당	경복궁	시장 체험	화폐금융박물관	시민안전체험관
서울대공원		강릉단오제	광릉	호림박물관	경상북도
남산자연공원		몽촌역사관	홍릉 산림과학관	홍릉 산림과학관	월드컵공원
삼성어린이박물관		국립현대미술관	국립현충원	우포늪	육군사관학교
			국립4·19묘지	소나무 극장	해군사관학교
			지구촌민속박물관	예지원	공군사관학교
			우정박물관	자운서원	철도박물관
			한국통신박물관	서울타워	이화여대자연사박물관
				국립중앙과학관	제주도
				엑스포과학공원	천마산
				올림픽공원	천문대
				전라남도	태백석탄박물관
				경상남도	판소리박물관
				허준박물관	한국민속촌
					임진각
					오두산 통일전망대
					한국천문연구원
					종이미술박물관
					짚풀생활사박물관
					토탈야외미술관

4학년 1학기 (34곳)	4학년 2학기 (56곳)	5학년 1학기 (35곳)	5학년 2학기 (51곳)	6학년 1학기 (36곳)	6학년 2학기 (39곳)
강화도	IT월드(과천정보나라)	갯벌	IT월드(과천정보나라)	경기도박물관	IT월드(과천정보나라)
갯벌	강화도	광릉수목원	강원도	경복궁	KBS 방송국
경희대자연사박물관	경기도박물관	국립민속박물관	경기도박물관	덕수궁과 정동	경기도박물관
광릉수목원	경복궁 / 경상북도	국립중앙박물관	경복궁	경상북도	경복궁
국립서울과학관	경주역사유적지구	기상청	덕수궁과 정동	고성 공룡박물관	경희대자연사박물관
기상청	경희대자연사박물관	남산골 한옥마을	경상북도	국립민속박물관	광릉수목원
농촌 체험	고창, 화순, 강화 고인돌유적	농업박물관	경희대자연사박물관	국립서울과학관	국립민속박물관
서대문자연사박물관	전라북도	농촌 체험	고인쇄박물관	국립중앙박물관	국립중앙박물관
서대문형무소역사관	고성 공룡박물관	서울국립과학관	충청도	농업박물관	국회의사당
서울역사박물관	충청도	서울대공원 동물원	광릉수목원	롯데월드 민속박물관	기상청
소방서와 경찰서	국립경주박물관	서울숲	국립공주박물관	몽촌토성과 풍납토성	남산
수원화성	국립민속박물관	서울시청	국립경주박물관	민주화현장	남산골 한옥마을
시장 체험	국립부여박물관	서울역사박물관	국립고궁박물관	백범기념관	대법원
경상북도	국립서울과학관	시민안전체험관	국립민속박물관	서대문자연사박물관	대학로
양재천	국립중앙박물관	경상북도	국립서울과학관	서대문형무소 역사관	민주화 현장
옹기민속박물관	국립국악박물관 / 남산	양재천	국립중앙박물관	서울역사박물관	백범기념관
월드컵공원	남산골 한옥마을	강원도	남산골 한옥마을	조선의 왕릉	아인스월드
철도박물관	농업박물관 / 대법원	월드컵공원	농업박물관	성균관	서대문자연사박물관
이화여대자연사박물관	대학로	유명산	롯데월드 민속박물관	시민안전체험관	국립서울과학관
천마산	롯데월드 민속박물관	제주도	충청도	경상북도	서울숲
천문대	몽촌토성과 풍납토성	짚풀생활사박물관	서대문자연사박물관	암사동 선사주거지	신문박물관
철새	불국사와 석굴암	천마산	성균관	운현궁과 인사동	양재천
홍릉 산림과학관	서대문자연사박물관	한강	세종대왕기념관	전쟁기념관	월드컵공원
화폐금융박물관	서울대공원 동물원	한국민속촌	수원화성	천문대	육군사관학교
선유도공원	서울숲	호림박물관	시민안전체험관	철새	이화여대자연사박물관
독립공원	서울역사박물관	홍릉 산림과학관	시장 체험 / 신문박물관	청계천	중남미박물관
탑골공원	조선의 왕릉	하회마을	경기도	짚풀생활사박물관	짚풀생활사박물관
신문박물관	세종대왕기념관	대법원	강원도	태백석탄박물관	창덕궁
서울시의회	수원화성	김치박물관	경상북도	해인사 고려대장경과 장경판전	천문대
선거관리위원회	승정원 일기 / 양재천	난지하수처리사업소	옹기민속박물관	호림박물관	우포늪
소양댐	옹기민속박물관	농촌, 어촌, 산촌 마을	운현궁과 인사동	유니세프 한국위원회	판소리박물관
서남하수처리사업소	월드컵공원	들꽃수목원	육군사관학교	무령왕릉	한강
중랑구재활용센터	육군사관학교	정보나라	이화여대자연사박물관	현충사	홍릉 산림과학관
중랑하수처리사업소	철도박물관	드림랜드	전라북도	덕포진교육박물관	화폐금융박물관
	이화여대자연사박물관	국립극장	전쟁박물관	서울대학교 의학박물관	훈민정음
	조선왕조실록 / 종묘		창경궁 / 천마산	상수허브랜드	상수도연구소
	종묘제례		천문대		한국자원공사
	창경궁 / 창덕궁		태백석탄박물관		동대문소방서
	천문대 / 청계천		한강		중앙119구조대
	태백석탄박물관		한국민속촌		
	판소리 / 한강		해인사 고려대장경과 장경판전		
	한국민속촌		화폐금융박물관		
	해인사 고려대장경과 장경판전		중남미문화원		
	호림박물관		첨성대		
	화폐금융박물관		절두산순교성지		
	훈민정음		천도교 중앙대교당		
	온양민속박물관		한국에너지기술연구원		
	아인스월드		한국자수박물관		
			초전섬유퀼트박물관		

숙제를 돕는 사진

북악산 성곽

도성도

낙산 성곽의 각자

흥인지문

남산 성곽

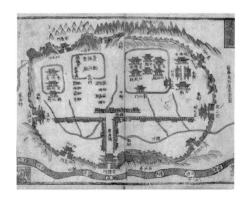

한양도

숙제를 돕는 사진

돈의문

북한산에서 바라본 경복궁

화재 전의 숭례문 모습

숙정문

인왕산 성곽